Zum intensiveren Kennenlernen
der gefiederten Freunde!
von
Ruffi

Braunlage, 12.11.1990

Am Himmel und anderswo

Heinz Werner Hübners Vogelalmanach

Schneekluth

CIP-Titelaufnahme der Deutschen Bibliothek

Hübner, Heinz Werner:
Am Himmel und anderswo: Heinz Werner Hübners
Vogelalmanach / Heinz Werner Hübner. – München:
Schneekluth 1990
ISBN 3-7951-1162-5

Satz: IBV Satz- und Datentechnik, Berlin
Gesetzt aus der Bembo 10 auf 12½ Punkt
Druck: Peradruck, Gräfelfing
Bindung: Conzella, Urban Meister

Vorwort

Die Gefiederten, so nennt man, wenn man ihnen zugetan ist, die Vögel. Weshalb aber haben die Gefiederten unter den Menschen weit mehr Freunde als etwa die Lurche? – Einmal ist der Gesang des Rotkehlchens sicherlich lieblicher als das Gequake der Frösche, obgleich auch ein Froschkonzert seinen Reiz hat. Zum anderen sind viele Vögel dem Menschen nahe, die Schwalben wohnen mit im Haus und eine Amsel, die bei offenem Fenster ins Zimmer fliegt, darf auf Zuspruch rechnen, man lockt sie; einer

Kröte, die in die Stube hüpft, würde das nicht widerfahren.
Der Anlaß, sich für das, was fliegt, zu interessieren, kann viele Ursachen haben. Für mich begann es mit einem Katapult, aus einer Eberesche hatte ich es selbst geschnitzt, ein starkes Gummiband daran befestigt und mit einer Lederschlaufe versehen, in die man kleine Steine legte. Damit ging ich in einem waldumrandeten Dorf zusammen mit einem Freund auf Vogeljagd. Wir waren noch nicht zwölf Jahre alt. Schon am zweiten Tag traf ich eine Amsel; aus dem Wipfel einer Fichte fiel sie tot zu Boden. Das Jagdfieber hatte uns gepackt. Wenig später fiel ein schwarz-gelbes Vögelchen aus dem Geäst. Es war nicht tot, doch fliegen konnte es auch nicht mehr. Wild und hilflos flatterte es auf dem Erdboden herum. Mit meiner »Steinmunition« brachte ich es um. Verstört ging ich nach Haus und hatte mittags wenig Appetit. Am nächsten Tag warf ich das Katapult in einen Teich, und zu Weihnachten hatte ich mir ein Vogelbuch gewünscht. Der Wunsch wurde erfüllt.
So begann es also, daß ich mich für Vögel interessierte und ihnen nachstellte, doch nicht um sie zu töten, sondern um sie zu beobachten. Doch ich schrieb nicht auf, was ich beobachtet hatte. Die Aufforderung dazu kam ein halbes Jahrhundert später. Doch auch dazu die Vorgeschichte: Etwa 1950 hatte der damalige Vorsitzende des Ornithologischen Vereins zu Hamburg, Dr. Timmermann, ein Taschenbuch veröffentlicht, in dem seine Vogelbeobachtungen in und um Hamburg

festgehalten waren. Auf Bitten eines Freundes besprach ich dieses Buch in einer Hamburger Zeitung. Gut 30 Jahre später fiel es mir wieder in die Hände, und es reizte mich, die Vogelvorkommen von damals mit denen von heute zu vergleichen. Und dies nicht nur in Hamburg. Diese Absicht, bei einem Abendessen erwähnend, hörte Haug von Kuenheim von der »Zeit«, und er ermunterte mich, doch aufzuschreiben, was ich an Veränderungen entdeckte. Ihm also ist zu danken, daß aus den mehr als 60 Beiträgen, die in der »Zeit« gedruckt wurden, dieses Buch entstanden ist. Was ich aufgeschrieben habe, beobachtete ich – in Jahrzehnten – in Hamburg und seiner Umgebung, in Südskandinavien, in Köln und in der Eifel, auf Sylt, in der Wachau sowie in den Wäldern und auf den Havelseen um Potsdam herum.

Den Leser muß ich darauf aufmerksam machen, daß die Ornithologie seit langem eine exakte Wissenschaft ist, auch in Deutschland. Ich habe weder die Absicht noch das Rüstzeug, einen wissenschaftlichen Beitrag zu leisten. In der Einleitung zum ersten Beitrag schrieb ich: »Von den rund 240 Brutvogelarten in der Bundesrepublik Deutschland galten schon vor zehn Jahren 20 als ausgestorben, und viele sind im Bestand bedroht. Die Rote Liste, in der diese Vögel genannt werden, Blaukehlchen, Teichrohrsänger, Neuntöter, Gänsesäger und viele andere, wird von Jahr zu Jahr länger. Wenn das Bemühen der Naturschützer, der Vogelfreunde und mancher Behörde nicht vergeblich bleiben soll, ist es nötig, auch dem Großstädter, doch nicht nur ihm, nahezubringen, daß die Vogelwelt nicht nur aus Spatzen, Tauben, Enten, Möwen und Schwänen besteht.«

Bei der Beschreibung der Vögel habe ich mich nicht nur auf eigene Beobachtungen gestützt, sondern ich habe auch Literatur hinzugezogen, um eben vergleichen und Veränderungen feststellen zu können. Da werden immer wieder vor allem vier Namen genannt: Naumann, Brehm, Heinroth und Seidel. Den »Brehm« braucht man nicht zu erklären, sein zoologisches Lexikon, im vorigen Jahrhundert geschrieben, gehört zu dem, was in deutschen Bücherschränken als Hausschatz aufbewahrt wurde. Johann Friedrich Naumann, im Anhaltisch-Thüringischen lebend von 1780 bis 1857, schrieb mit zwölf großformatigen Bänden das grundlegende Werk der Naturgeschichte der Vögel Deutschlands. Schon der Vater hatte begründet, was man heute noch »Feldornithologie« nennt, das heißt die Beobachtung in der Natur. Von Oskar Heinroth (1871–1945) heißt es, daß er seine ersten Gehversuche im Hühnerstall machte und schon mit vier Jahren die einzelnen Hennen an der Stimme erkannte. Er und seine Frau, am Zoologischen Garten in Berlin über Jahrzehnte tätig und schon mit der Kamera arbeitend, haben ein bis heute gültiges Werk über die »Vögel Mitteleuropas« geschrieben. Schließlich Heinrich Seidel, ein Hobbyornithologe (1842–1906), er war Ingenieur und hat in Berlin den Anhalter Bahnhof gebaut. Romane hat er auch geschrieben und eben Vogelgeschichten.

Wenn ich die vier Genannten zitiere, dann, um daran zu erinnern, wie es einmal gewesen ist, in den Wäldern, auf den Feldern, in den Gärten und an den Seen und den Flüssen und Bächen in Deutschland. Die Natur zurückzuverwandeln, wie sie vor 150 Jahren war, ist Utopie. Aber mit wachen Augen durch die Welt gehen und erkennen, wo sie, die Natur, die Landschaft und die, die sie bevölkern, erhalten werden kann, sollte doch ein Anreiz sein, etwas zu tun, für die Natur.

Die Sänger

Das Rotkehlchen

Zänkische Hagestolze

Es ist der deutsche Märchenvogel. Man denkt an Gedichte von Eichendorff, an den deutschen Wald, an die Gebrüder Grimm. Da ist die rote Brust dieses Vögelchens, das mit seinen großen Augen fragend auf Antwort hofft, so scheint es, das zutraulich ist, den Menschen nicht scheut, aber doch Distanz wahrt, das sich in dichtem Laubwerk geheimnisvoll gibt und mit seinem leisen Lied allein von Mozart übertroffen wird. In Wahrheit ist das Rotkehlchen, wenn es älter als ein Jahr ist, ein recht zänkischer Vogel. Und die alten

Männchen, die im Herbst nicht mehr in den Süden fliegen, sondern bei uns überwintern, sind Hagestolze, ungesellig, nur bittere Kälte kann sie veranlassen, sich ans Futterhaus und damit in die Nähe des »Gesindels« zu begeben, der Spatzen, Meisen, Finken, Dompfaffen – und wer da sonst noch erscheinen mag

Die Nähe des Menschen schreckt das Rotkehlchen nicht; im Spätsommer sind vor allem die jungen Vögel, wenn man sie lockt, so zutraulich, daß sie sich, wenn auch nur für Bruchteile von Sekunden, auf die ausgestreckte Hand setzen, um dann sofort wieder, eine Armlänge entfernt, hochaufgerichtet mit wachen Augen zu verharren. Doch das widerfährt einem Menschen nur in lichtem Gebüsch, niemals auf einer Wiese, denn das Rotkehlchen entfernt sich stets nur für Augenblicke aus der sicheren Deckung.

In meinem Garten bin ich wiederholt Vertrauter von jungen Rotkehlchen geworden. Wann immer ich aus dem Haus kam, machten sie sich nach kurzer Zeit bemerkbar. Wenn ich mit Hacke und Grubber hantierte, kamen sie herbei, pickten aus der umgeworfenen Erde Larven und kleine Käfer, am liebsten aber Ameiseneier. Doch mehr als zwei oder drei Rotkehlchen wird man nie um sich haben können, denn die älteren Vögel sind darauf bedacht, daß sich kein anderer Artgenosse in ihrem Revier aufhält.

Das Rotkehlchen ist sowohl ein Wald- als auch ein Gartenvogel. Kleiner als die Nachtigall, kann es mit einem anderen Vogel kaum verwechselt werden; sein Rücken ist grün-braun, es hat nadeldünne Beine, große, dunkelbraune Augen und die mattrot leuchtende Brust. Wie ein Kobold huscht es durchs Gebüsch, wo es auch, meist am Erdboden oder nahe darüber, sein Nest baut. Eher unbemerkt treffen die Vögel, die im Herbst nach Süd- und Westeuropa flogen, Anfang März bei uns ein. Es ist dann das Männchen, das oft über Stunden sein melodisches Lied singt, im Frühjahr kräftiger als im Herbst. Rotkehlchen ziehen des Nachts. Ein am 2. Oktober 1920 in Rossitten, in Ostpreußen, beringtes Männchen wurde 22 Tage später in einer Drosselschlinge in der Nähe von Lüttich gefangen; es ist also jede Nacht 50 Kilometer weit geflogen – Luftlinie, die Umwege nicht berücksichtigt.

Das Rotkehlchen ist Insektenfresser, nimmt aber auch Holunderbeeren, die roten Beeren der Eberesche und andere. Diejenigen, die im Winter bei uns bleiben, fressen, wie Kleinschmidt, auch ein Vater der deutschen Ornithologie, schreibt: »... von den Überresten in den Futtergeschirren der Enten, der Hunde und Katzen sowie fast alle Speisen von des Menschen Tisch«. Nicht wegen der Nahrung, sondern weil es immer schwieriger wird, ungestört in dichtem Gebüsch die Brut hochzubringen, hat sich auch der Bestand der Rotkehlchen in den letzten 30 Jahren merklich verringert. In Schleswig-Holstein waren es die Knicks, anderswo die Flußauen oder das Buschwerk an den Waldrändern, wo dieser Vogel zu Hause war. Knicks wurden, weil der Bauer größere Felder braucht, wenn er konkurrenzfähig bleiben will, abgeschlagen, Auwälder wurden der Flußregulierung geopfert, Parks und Gärten sind nach landläufiger Meinung nur schön, wenn sie gepflegt sind, was nichts anderes bedeutet, als daß Hunde und Katzen leichten Zugang haben, und an den Waldrändern wurde vielerorts mit eigens dazu konstruierten Maschinen das Buschwerk niedergehauen, um Wege für Sonntagsreiter zu schaffen.

Nutzen und Schaden, danach fragen Bauern und Forstleute auch heute noch, wenn es darum geht, wer Saatgut aus den Feldern pickt oder an den Trieben junger Bäume knabbert. Den Nutzen des Rotkehlchens beschreibt Naumann vor mehr als 100 Jahren so: »Sie erfreuen uns durch ihren anmutigen Gesang und durch das Wegfangen einer Menge schädlicher Insekten.« Und den Schaden: »Durch Umhertragen der Beerenkerne von schlechten Holzarten verpflanzen sie diese, wo wir dergleichen nicht haben wollen.«

Schlechte Holzarten? Das waren Holunder und Ebereschen. Man kann das Rotkehlchen nur ermuntern, sich nicht irritieren zu lassen und dafür zu sorgen, daß auch in Zukunft nicht jeder Wald zur bloßen Holzfabrik verkommt.

Die Grasmücke

Grau im Gebüsch

Hinter einer Himbeerhecke rankt an einem Maschendrahtzaun Knöterich, und wieder dahinter bilden Weißdorn, Eberesche, Felsenbirne und Hainbuche dichtes Gestrüpp. Es durchdringend, geriet ich an ein luftiges Nest, eingeflochten in die Ranken des Knöterichs. Drei oder vier Junge sperrten den Rachen auf, als aber das Geräusch, das ich verursachte, nicht das der anfliegenden Elternvögel war, duckten sie sich und waren still.

Waren es rote oder gelbe Rachen, die ich gesehen

hatte? Ich wußte es nicht. Ich entfernte mich aus dem Gestrüpp. Aus der Entfernung war der Anflug der fütternden Vögel im dichten Grün des Laubwerks schwer auszumachen. Doch Geduld ist das eherne Gesetz für jeden, der Vögel beobachten will. Geduld, wie sie die Angler haben in ihren Booten auf einem stillen See; doch denen winkt am Abend, wenn sie Glück hatten, gebratener Hecht oder Zander, jedenfalls war das früher so. Wer sich in der Hecke versteckt, will nicht fangen, sondern sehen: Es war ein »Müllerchen«, eine Zaungrasmücke, das da gut einen Meter über dem Boden sein luftiges Nest gebaut hatte, ein Nest, in das, wenn er es findet, auch der Kuckuck sein Ei legt.

In Europa gibt es etwa 15 Grasmückenarten, von denen sich einige nur unmerklich voneinander unterscheiden. In Deutschland sind es fünf: die Dorngrasmücke, die Mönchs-, die Garten-, die Zaun- und die Sperbergrasmücke. Die Zaungrasmücke ist die kleinste; etwa 12 bis 13 Zentimeter lang, wiegt sie auch nur um 13 Gramm. Es ist ein unscheinbares, grau-braunes Vögelchen, auf der Unterseite weiß, auch die äußeren Schwanzfedern können weiß sein. Behende und immer in Bewegung, doch immer auf Deckung bedacht, macht es eher durch seinen Gesang auf sich aufmerksam, als daß man es sieht. Naumann schreibt: »Das Männchen ist ein sehr fleißiger Sänger und läßt seinen Gesang vom frühen Morgen bis gegen Abend hören... und der besteht aus einem langen Piano, aus allerlei zwitschernden und leise pfeifenden, mitunter

schirkenden Tönen, dem als Schluß ein kurzes Forte angehängt ist.«
Grasmücken nisten in dichtem Gebüsch, in Hecken, mal etwas höher, mal niedriger über dem Boden, an Waldrändern, in Knicks, wie sie einmal die Landschaft in Norddeutschland prägten, am Feldrain, in wilden Brombeer- und Schlehenhecken und auch in Gärten, wenn es nicht allzu »gepflegte« Gärten sind.
Häufiger als die Zaungrasmücke dürften auch heute noch die Gartengrasmücke und die Dorngrasmücke sein. Es sind sperlingsgroße Vögel, nur schlanker als ein Spatz und etwa 16 Gramm schwer. Die Gartengrasmücke gehört neben ihrer Schwester, der Mönchsgrasmücke, die sich von ihr durch eine schwarze Kappe unterscheidet, zu den »begnadeten« Sängern. Durch ihren herrlichen Gesang, so meint Naumann, beleben sie Wälder, Gärten und Gebüsch und erfreuen damit ungemein. Die Sperbergrasmücke, gesperbert, also gefleckt und mit gelben Augen, auch fast doppelt so groß wie das »Müllerchen«, ist im Westen Deutschlands nie heimisch gewesen. Auch im Osten Deutschlands habe ich sie nie gesehen. Die vier anderen Grasmücken waren, je nach Landschaft, gemein bis häufig.
Die Grasmücken verlassen uns im Herbst. Sie ziehen nach Afrika, und die kleinste, das »Müllerchen«, fliegt bis in den Süden des Kontinents. Warum heißt die Zaungrasmücke »Müllerchen«? Naumann meint, weil ihr Federkleid wie mit Mehlstaub gepudert scheint. Andere wollen den Namen vom klappernden

Gesang herleiten, der an ein Mühlrad erinnere. Der Name der Grasmücken hat nichts mit dem Gras auf der Wiese zu tun, er leitet sich aus dem Althochdeutschen ab: »Grasmucka«, Grauschlüpfer. Ein graues Vögelchen, das sich im Gebüsch verbirgt.

Die Grasmücken ziehen des Nachts, nicht in Schwärmen, sondern einzeln. Und auf ihrem Zuge nach Süden, das hat man vor 30 Jahren mit einem künstlichen Sternenhimmel in Bremen belegt, orientieren sie sich am Sternenhimmel, auch Jungvögel, die in der Voliere aufgezogen worden waren, die nie einen Himmel gesehen hatten. Das Experiment, vielfach wiederholt, hat immer wieder dasselbe Ergebnis gehabt. 13 Gramm wiegt eine Zaungrasmücke, und ihr Gehirn ist so groß wie der Kopf einer bunten Stecknadel. Damit findet sie sich in der Welt zurecht.

Ammern

Spitzname: Rohrspatz

Ein naßkalter Dezembertag, der Westwind brachte Schneeschauer. Es war im ersten Kriegswinter, und vor mir lag eine Strecke von acht Kilometern. Die Straße, nordöstlich von Husum, ich ging zu Fuß, schien mir endlos, kein Vieh mehr auf den Weiden, Stoppelfelder und an ihren Rändern kahle Knicks, zerschlissenen Besen gleich, Moorwiesen dann. Nach der Hälfte des Weges begleitete mich ein Vogelvölkchen, acht oder ein Dutzend vielleicht, hin und wieder ein leises Flöten, mal flog es voran, mal blieb es zurück.

Es waren Goldammern. Die Männchen mit der goldgelben Brust erinnerten mich an diesem trüben Tag an Christbaumschmuck.
Der Ammer ist in etwa 50 Arten in Europa und in Asien verbreitet. In Deutschland sind es vier, dazu kommt etwa ein halbes Dutzend, die als Verstreute oder Verirrte zu bezeichnen sind, wie die aus dem Norden kommenden Schneeammern, die in kalten Wintern bis in unsere Breiten ziehen. Grauammer, Goldammer, Gartenammer, auch Ortolan genannt, und die Rohrammern sind in Deutschland Brutvögel, im Südwesten und am Rhein haben sich auch Zaun- und Zippammer eingebürgert.
Der Ammer, und nicht »die« Ammer, ist ein sperlingsgroßer Vogel, nur der Grauammer ist etwas größer als die Lerche, mit der er von Laien oft verwechselt wird. Zu sehen sind Lerchen und Grauammern auf Feldern und in nicht zu hohem Gras, doch allein die Lerche steigt tirilierend in die Luft, Ammern fliegen, stumm bleibend, davon, um nur wenige Meter entfernt wieder nach Samen und Körnern zu suchen. Naumann nennt ihn einen trägen, schwerfälligen, kräftigen und gefräßigen Vogel, der auch im strengsten Winter standhält. Samen und Gräser, Körner der Hirse, von Hafer und anderem Getreide, sind seine Nahrung, im Sommer sind es Insekten, wie bei allen anderen Ammern auch. Grauammern sind etwa 18 Zentimeter lang, die Flügelspanne mißt 30 Zentimeter. Das Gefieder ist grau-braun-schwarz gestreift, ähnlich dem der Lerche, nur dunkler.

Der Gartenammer, der Ortolan, kommt im Gefieder dem Goldammer nahe, doch das Gelb ist blasser, und das Vögelchen ist kleiner. Der Ortolan ist zwar verbreitet, doch nirgends häufig. Er liebt offene Landschaften und baut sein Nest im dichten Gebüsch, meist nahe am Boden, nie über einen Meter darüber. Es ist eine Halbkugel, aus Stengeln und Halmen geflochten, innen mit Haaren gepolstert, bei Gold- und Rohrammer ist es oft Moos.

Für Naumann ist der Ortolan ein stiller, harmloser Vogel, der weder mit seinesgleichen noch mit anderen Vögeln streitet. Im Gegensatz zum Goldammer ist der Gartenammer ein Zugvogel, der aus den Mittelmeerländern erst Anfang Mai zu uns kommt und schon im August/September wieder nach Süden zieht. In der Vogelwelt Deutschlands ist er so etwas wie ein »Spätbürger«. Ebenso wie der Grauammer, der vor etwa 150 Jahren von Rußland aus sein Brutgebiet nach Westen ausdehnte, ist der Ortolan, von Südosten kommend, in Mitteleuropa heimisch geworden.

1835 ist der Gartenammer in Potsdam und im Park des Charlottenburger Schlosses als Brutvogel beobachtet worden, 20 Jahre später auf der Insel Sylt. Doch auch heute noch tritt er, lokal begrenzt, nur sporadisch auf, ist über Jahre hin Sommergast, dann aber wieder jahrelang nicht zu sehen. Brehm schrieb noch, mehr als der Goldammer ist bei Feinschmeckern, weniger beim gemeinen Volke, der Ortolan geschätzt.

Der Goldammer. Einst war er so häufig wie der Sperling. Doch seit die Felder immer seltener von Hecken begrenzt sind und die Ufer der Flüsse und Bäche begradigt wurden, ist der Raum, in dem er überleben und Nachwuchs großziehen kann, enger geworden. Auch der Goldammer baut sein Nest nahe über dem Boden; für Katzen, Ratten, Wiesel ist es leicht zu finden, und nicht selten geht nicht nur die Brut zugrunde, sondern der arglose Vogel wird selbst Opfer der Räuber.

Den Gesang der Goldammern beschreiben Ornithologen als silberhell, und in einem alten Vogelbuch heißt es: »Sie stehen, wie alle Landbewohner, sehr früh auf, denn wenn eben erst der Tag graut und in den Stuben noch die Lichter brennen, lassen sie von den Spitzen der Bäume ihren Lockruf ertönen.« Und das schon im Februar und meist in der Nähe des Platzes, an dem im Vorjahr das Nest gebaut war.

Es war am Heiligabend letzten Jahres, nachmittags, als Amseln, Finken, Meisen und andere Vögel vor einem Sperber davonstiebten, auch die Goldammern. Einer davon flog gegen eine Fensterscheibe meines Hauses und brach sich das Genick. Den warmen Vogelkörper in der Hand haltend, wurde mir – so traurig der Anlaß war – die ganze Schönheit dieses dicht befiederten Vogels erst recht offenbar.

Bleibt der Rohrammer. Nicht ganz so groß wie ein Buchfink, ist er in Deutschland sowohl Strich- als auch Zugvogel. In milden Wintern sind es Gäste aus dem Norden, die bei uns Quartier nehmen. Auf Marschen, Wiesen, in Getreidefeldern, wenn sie denn nahe am Wasser sind, nistet der Rohrammer. Ein Vogel, der dem Spatz ähnlich sieht; allein das Männchen unterscheidet sich durch seinen schwarzen Kopf. Rohrspatz und Wassersperling sind deshalb auch seine Trivialnamen. Der Rohrammer ist ein fleißiger Sänger, auch darin unterscheidet er sich vom Sperling, wenngleich sein Gesang nicht sehr melodisch ist, sondern eher an das Einüben der halben Tonleiter erinnert. An den verschilften, mit Gestrüpp bewachsenen Ufern der Havelseen war er einst häufig. Auch in der Wedeler Marsch, nahe Hamburg, habe ich ihn noch gesehen und gehört.

Es gibt sie noch, die Ammern. Doch so häufig wie Spatzen sind sie längst nicht mehr. 1910 schrieb ein adeliger Herr in Österreich an den Redakteur einer ornithologischen Zeitschrift in Korneuburg: »Ich habe schon mehrmals berichtet, daß die Zahl der Vögel stetig abnimmt; diese traurige Erscheinung ist jedoch heuer schon geradezu konsternierend.« – Und so ist es bis heute.

Die Laubsänger

Zilp-Zalp mit Appetit

Laubsänger, das ist Poesie, es erinnert an schattige Gärten, an den sonnendurchfluteten Buchenwald, an Eichenhaine. Mit dem Namen Laubsänger wird eine ganze Vogelfamilie beschrieben, die auf der nördlichen Erdhalbkugel vom Atlantik bis zum Stillen Ozean in zahlreichen Abstufungen anzutreffen ist. In Deutschland sind es drei Arten: der Weidenlaubsänger, der Fitislaubsänger und der Waldlaubsänger. Am Alpenrand und im südlichen Schwarzwald gelegentlich auch noch der Berglaubsänger.

Wenn ein Zugvogel den Namen »Frühlingsbote« zu recht trägt, dann der Weidenlaubsänger. Schon Anfang März ist er nicht zu überhören, laut schallt es: »Zilp-Zalp, Zilp-Zalp, Zilp-Zalp« und das dutzende Male nacheinander, als würden von unsichtbaren Händen silberne Glöckchen geschwungen. Und so heißt der Weidenlaubvogel, der allerorten zu Hause und keineswegs auf Weidenbäume angewiesen ist, denn auch Zilp-Zalp. Neben dem Kuckuck ist er damit der einzige Vogel, der bei uns seinen Namen, auch wenn es ein Trivialname ist, seinem Ruf – denn Gesang ist es kaum – verdankt.
Der Zilp-Zalp ist nach dem Goldhähnchen der kleinste Vogel in unseren Breitengraden. Ein Vögelchen, das etwa sechs Gramm wiegt, zehn Zentimeter groß ist und eine Flügelbreite von 16 bis 18 Zentimetern hat. Das Gefieder ist olivgrün bis gelblich, die Unterseite weiß. Die Schwungfedern haben einen fahlweißen Streifen. Ein unscheinbares Vögelchen. »Trotz ihrer Häufigkeit werden sie wegen ihrer Kleinheit und versteckten Lebensweise meist übersehen«, schreibt Heinroth, und er fügt hinzu: »Sie zählen zu den Sängern, die man mit dem Ohre sofort, mit dem Auge nur schwer zu unterscheiden vermag. Dennoch nimmt es wunder, daß so wenige Leute sie kennen. Das liegt aber wohl daran, daß ihre Namen nicht in Märchen und Liedern vorkommen, denn der naturwissenschaftlich ungebildete Mensch bezieht seine zoologische Weisheit gewöhnlich aus diesen Quellen, rechnet also immer nur mit Amsel, Drossel, Fink und

Star, ohne aber deshalb eine Schwarzdrossel vom Star unterscheiden zu können...« Harsche Worte. Heinroth war Berliner.
Der Zilp-Zalp, der kleinste der Laubsänger, ist ein hurtiger Vogel, stets in Bewegung, eben noch im Gebüsch huschend, läßt er Sekunden später aus der Krone eines dichtbelaubten Baumes seinen Ruf erschallen, unermüdlich. Sein Nest baut er auf dem Boden oder eben darüber, in trockenen Grasbüscheln, zwischen dichten Kräutern, in Brombeerhecken. Es ähnelt einer kurzen Röhre mit seitlichem Eingang, und es ist aus Gräsern, Moos, dürren Zweigen und trockenen Blättern geflochten, innen mit Federn ausgepolstert. Früher waren es Wachtelfedern. Fünf bis sechs Eier werden vom Weibchen innerhalb von zwei Wochen ausgebrütet. Das Männchen sitzt nur selten auf dem Nest, nach Brehm nur in den Mittagsstunden.
Über das Nest des Zilp-Zalp hat es vor 165 Jahren einen fulminanten Streit zwischen zwei der Urväter der deutschen Ornithologie gegeben, zwischen Naumann und Brehm. Brehm beschwerte sich darüber, daß andere Ornithologen – und so wörtlich: »...den Weidenlaubvogel noch im Jahre 1820 auf der Erde nisten lassen«. Er habe diese Nester stets in niedrigen Fichtendickichten 28 bis 85 cm über dem Boden gefunden. Dazu Naumann: »So muß ich denn versichern, daß auch noch 1822 viele dieser Vögel auf dem Erdboden nisten werden, weil ich bisher wenigstens eben so viel Nester als Herr Brehm über der Erde, bloß auf der

Erde gefunden habe... und dies in Laubwäldern, wo es gar keine Fichten gibt.«

Dem Zilp-Zalp sehr ähnlich, nur eine winzige Spur größer, ist der Fitislaubsänger, und statt dunkler Beine hat er helle. Auch geübten Beobachtern fällt es nicht immer leicht, beide Arten voneinander zu unterscheiden. Der Fitislaubsänger, dessen Gefieder mehr ins Gelbliche geht, kommt zwei bis drei Wochen nach dem Zilp-Zalp aus dem südlichen Europa und Nordafrika zu uns. Als letzter trifft der Waldlaubsänger Anfang bis Mitte Mai ein. Er ist der größte von den Laubsängern, etwa zehn Gramm schwer und verläßt uns schon im August, während der Zilp-Zalp bis in den Oktober hinein bleibt. Den Waldlaubsänger habe ich auch in größeren Buchenwäldern nie zu Gesicht bekommen.

Zilp-Zalp und Fitis hingegen, die gelegentlich auch im gleichen Revier anzutreffen sind, lassen sich, wenn man erst einmal die Lieblingsplätze der Männchen entdeckt hat, gut beobachten. Mühevoller ist es schon, die Nester zu finden. Dennoch erstaunt es, daß es beide Vögel noch immer in großer Zahl gibt, denn in welchem Park mit Unterholz, in welchem großen Garten gibt es keine Katzen, an welchem Waldrand streunen nicht Hunde herum? – Auch der von den Dichtern so oft besungene Feldrain ist eher Erinnerung, ebenso wie die Knicks in Norddeutschland, einst die bevorzugten Nistplätze des Fitis. Und die Zahl der natürlichen Feinde ist geblieben: Wiesel, Igel, Ratten, Mäuse, Elstern und andere.

Zilp-Zalp, Fitis und Waldlaubvogel haben noch keinen Platz auf der roten Liste der bedrohten Vögel. Ihre Liedchen sind einfältig, ihre Freßlust, wie Naumann schreibt, ist gewaltig. Sie vertilgen große Mengen Ungeziefer, Mücken, Fliegen, Milben, kleine Raupen – und so sind sie denn rundum nützlich, oder wie Naumann sagt: Schaden tun diese lieblichen Vögelchen durchaus gar nicht.

Die Lerche

Nur die Nachtigall singt schöner

Mehr als 70 Arten gibt es in der Welt, in Deutschland brüten drei, doch wer von der Lerche spricht, der meint die Feldlerche. Auch die Dichter meinen sie: »An ihren bunten Liedern klettert die Lerche selig in die Luft«, schrieb Nicolaus Lenau vor 150 Jahren. Auf dem Rücken liegend, sah ich ihnen zu, wenn sie sich in den blauen Himmel schraubten. Das war im Juni 1941 auf dem westlichen Ufer des Bug, gegenüber der Festung Brest-Litowsk. Ich gehörte einem Kommando an, das die Zahl der russischen Batterien auf der anderen Seite des Flusses ausmachen sollte. Durch Ferngläser beobachtend, hatten wir 51 gezählt, also 204 meist gut getarnte Geschütze. Die Zahl der Lerchen, die von morgens bis abends tirilierend in den Himmel stiegen, war nicht geringer. Noch größer, schien mir, war die Zahl der Eidechsen auf dem sandigen, mit spärlichem Gras bewachsenen Hügel. Wenn Wolken die Sonne verdeckten, krochen sie einem auf die Hand, um sich zu wärmen.

Mit etwa 18 Zentimetern Flügelspanne ist die Feldlerche, auch Himmelslerche genannt, etwas größer als die Heide- und als die Haubenlerche. Naumann meinte, sie zu beschreiben sei überflüssig, denn der Vogel sei so häufig, daß niemand ihn übersehen könne. Zwar steht die Feldlerche noch auf keiner roten Liste, doch daß sie den Himmel verdunkelt wie Starenschwärme im späten Herbst und daß ihr trillernder Gesang wie eine sich stets wiederholende Tonbandschleife über den Fluren erklingt, das ist Vergangenheit. In der Kulturlandschaft wird der Lebensraum des Vogels immer enger.

Spätestens im März kehrt die Feldlerche, die in den Mittelmeerländern überwintert, zurück. Meist sind es größere Trupps, 40 bis 60 Vögel. Auf einer Vogelstation in der Neumark sind 1937 die ersten Feldlerchen schon am 4. Februar beobachtet worden, sechs Tage später waren sie in Stettin, zehn Tage später auf den Wiesen und Feldern um Flensburg. Späte Wintereinbrüche treiben sie aber nach Süden zurück. Ein Beobachter schrieb damals: »Nach Süden sich zurückziehende Lerchen fliegen dann schnell, fast hastig, meist lautlos und niedrig, während der nordwärts gerichtete Zug immer recht hoch, mit viel Locken und auch kurzem Gesang vor sich geht.« – Das ist auch heute noch so.

Die Feldlerche ist ein Bodenbrüter. In Spurrinnen, die Trecker und Wagen der Bauern auf nassen Feldern und Wiesen eingedrückt haben, aber auch in den ausgetrockneten Fußtritten des Weideviehs bauen sie ihr Nest. Ich sah es schon Anfang April in den Furchen von Feldwegen, während daneben die Wintersaat schon vier Zentimeter hoch war. Aus welkem Gras, Stoppeln und Haaren wird ein loses Nest geflochten, in dem das Weibchen drei bis fünf gesprenkelte Eier in zwei Wochen ausbrütet. Zwei Bruten im Jahr sind die Regel, wenn das Nest zerstört wird auch drei, doch die Gelege werden kleiner.

Daß die Feldlerche alle Bruten hochbringt, wird mehr und mehr zur Ausnahme. Bei Naumann liest sich das so: »Der Mensch selbst tritt an die Spitze ihrer Feinde, zerstört Tausende ihrer Bruten bei seinem Geschäft auf dem Felde, beim Pflügen, Eggen... und das Vieh hilft ihm dabei, denn manches Lerchennest wird von diesem zertreten, auf der Weide wie im Gespann.« Dann zählt er jene auf, die dem Vogel und der Brut nachstellen: Fuchs, Marder, Iltis, Wiesel, Ratten, Mäuse, Igel, Katzen und andere. Und schließlich gibt es unter den Greifvögeln einen, den Baumfalk, den man auch Lerchenfalk nennt.

Nur das Lied der Nachtigall hat das Ohr der Menschen mehr entzückt als das der Lerche. Und weil es so ist, gehört die Lerche zu den wenigen Vögeln, die schon im Althochdeutschen einen Namen haben: Lerihha.

Einförmiger, doch nicht minder melodiös, ist das Lied der Heidelerche. Sie ist ein wenig kleiner als die Feldlerche, war stets weniger zahlreich, bevorzugt als Brutgebiet das Ödland und ist dennoch heute vom Aussterben bedroht. Auf der roten Liste steht die Heidelerche obenan. Im Gefieder ist sie von der Feldlerche nur schwer zu unterscheiden; sie hält sich nicht auf dem Boden, sondern auch im Gebüsch auf, ist auch auf Zweigen niederer Bäume und gelegentlich sogar in der Krone von Nadelbäumen zu sehen. Ihr Nest baut sie unter Grasbüscheln und im dichten Gestrüpp. Beide Lerchen ernähren sich von Sämereien und von Körnern, die Heidelerche stellt Insekten und Käfern aber mehr nach als ihre Schwester, die Feldlerche.

Vor 100 Jahren galt die im Herbst gefangene oder erlegte Lerche den Landleuten auch bei uns als eine Delikatesse. Auf den Märkten wurde sie zu Tausenden angeboten. Und in den Ländern Südeuropas ist das auch heute noch der Fall. Ein weiterer Grund, weshalb die sich singend in den Himmel schraubende Lerche, hoch oben flatternd, dann wie ein Stein herabstürzend, verstummend und, weit vom Gelege entfernt, durch niederes Gras oder Getreide eilend, das Gelege aufsuchend, zu den Vögeln gehört, die man nicht mehr sieht, an die man sich erinnert, L'alouette, ein Vogel der Poeten.

Der Star

Ein Stimmenimitator

»Amsel, Drossel, Fink und Star...« – in dieser anmutigen Strophe, in der die Vögel als Boten des Frühlings begrüßt werden, stimmt eigentlich nichts. Die Amsel, auch Schwarzdrossel genannt, hält selbst im kältesten Winter bei uns aus, ebenso die Finken, jedenfalls die »populärsten«, der Buchfink und der Grünfink, Frühlingsbote ist allein die Singdrossel, die aus Afrika zurückkehrt; der Star hingegen ist ein Landstreicher, der, wenn Feld und Wiese auch im Januar schneefrei sind, in kleinen Trupps häufig zu sehen ist.

Sperling und Star sind die beiden Vögel, die in Deutschland jedermann kennt – zumindest dem Namen nach. Doch Star und Amsel voneinander zu unterscheiden, ist schon nicht mehr jedermanns Sache. Der Star, kleiner als die Amsel, ist ein etwa 20 Zentimeter großer Vogel, seine Flügelspanne beträgt knapp 30 Zentimeter. Sein Federkleid ist schwarz, metallisch schillernd und bei beiden Geschlechtern im Frühjahr an den Flügelspitzen weiß bis gelblich gefleckt, getupft. Der Flug des Vogels wirkt hastig, sein Gang ist watschelnd, dennoch ist der Star ein anmutiger Vogel. Und gesellig ist er obendrein, weshalb auch selten über den Star, aber oft über Starenschwärme zu lesen ist.

Auch in einem kalten Winter treffen die ersten Starenschwärme in Westdeutschland Ende Februar ein, 30 bis 100 Vögel meist. Auf Feldern, Wiesen, auch in Parklandschaften eifrig herumtrippelnd, suchen sie nach Nahrung. Gut zu beobachten sind sie im frühen Frühjahr auf den Marschwiesen an der Nordseeküste. Wenn die Sonne höher steigt, lösen sich die Gesellschaften auf, die Balz beginnt, die Vögel paaren sich und suchen nach einem Nistplatz. Früher fanden sie ihn in lichten Laubwäldern, auf Obstwiesen, überall dort, wo es Astlöcher und hohle Bäume gab, aber auch in Mauernischen und wo sich unter überhängenden Dächern Löcher fanden. Da der Star nie menschenscheu war, bereitete man ihm, der sich fast nur von Insekten, Käfern und Schnecken ernährt, auf Bauernhöfen schon früh künstliche Nistplätze. Wann in Deutschland die ersten Starkästen aufgehängt wurden, ist nicht verbürgt. Vermutlich ist es um 1780 herum geschehen. Zuvor hatte – nach Brehm – der Schwede Bierkander über eine Reise nach Astrachan und Weißrußland berichtet und auch mitgeteilt, daß man dort für die Stare aus Baumrinde gefertigte Nistkästen an die Häuser hänge. Es dürfte dann wohl noch ein halbes Jahrhundert vergangen sein, ehe der Starkasten auch in Deutschland populär wurde, und noch mal ein halbes Jahrhundert, bis er für den Berliner »Laubenpieper« zum Statussymbol aufstieg.

In diese Nistkästen, die zunächst von den Überbleibseln des vorjährigen Nestes gereinigt werden – falls sich Spatzen dort eingenistet haben, wirft man sie kurzerhand hinaus –, werden dann Halme, Moos, Federn und anderes Nistmaterial ziemlich wahllos aufeinandergeschichtet, so daß eine weiche Unterlage für die Eier und die Jungen entsteht. Oft wird dieses Nest aber mit den Blüten von Gänseblümchen oder den Blüten blühender Bäume geschmückt. Vier bis sechs grün-weiß-blau gefärbte Eier legt das Weibchen ins Nest und brütet sie in 14 Tagen aus. Auch während der Brutzeit ist das Männchen sangesfreudig, wobei der Gesang aus ein paar hohen Flötentönen und Schwätzen besteht. Der Star ist aber auch ein Imitator, und in sein Lied, das er schon in der frühen Morgendämmerung pfeift, finden Laute, Geräusche Eingang, die er irgendwo aufgeschnappt hat, das geht hin bis zur Wiedergabe einer Glocke, die läutet, wenn sich eine Eisenbahnschranke schließt. Beide Eltern füttern die Jungen – und dies unermüdlich. Schnecken, Käfer, Würmer sind die Nahrung. Im vorigen Jahrhundert hat ein Ornithologe im Thüringischen in seinem Garten 42 Starenkästen aufgehängt – auch während der Brutzeit bleibt der Star ein geselliger Vogel, den nahe Nachbarschaft nicht stört –, und er hat minutiös notiert, was ein Starenpärchen an Nahrung herbeischleppt. Alle drei Minuten fliegt einer der Altvögel zum Nest, fast immer mit einer Schnecke im Schnabel. Das ergibt nach dieser Beobachtung 360 Schnekken am Tag – und bei 42 besetzten Nistkästen kam er auf die Zahl von mehr als 30000 Schnecken und Käfern, die die Stare an jedem Tag in die Nisthöhlen brachten. Auch wenn diese Zahl nach oben geschönt sein sollte, ein nützlicher Vogel ist der Star allemal; überdies, auch heute noch kann man auf Weiden sehen, daß er auf dem Rücken der Rinder und Schafe sitzt und dort nach Zecken und anderem Ungeziefer sucht.

Die jungen Stare sind schon nach zwei Wochen flügge. Noch im Sommer bilden die Jungstare kleine Gesellschaften, die herumstreifen, oft auch mit älteren zusammen. Eine zweite Brut der Altvögel ist die Ausnahme. Die große Zeit der Stare, jedenfalls für den Beobachter, ist der Herbst, dann sammeln sie sich in großen Schwärmen. An einem Oktoberabend, kurz bevor es Nacht wurde, habe ich in der Kölner Innenstadt gegen den fahlen Himmel zum Westen hin zwei Starenschwärme beobachtet – die Zahl zu schätzen ist schwer, doch mehr als 3000 Vögel waren es sicherlich, die sich zwischen aufflammenden Lichtreklamen und dem dunklen Hahnentor wie windgetriebene Wolken bewegten. Wo sie ihren Schlafplatz fanden, habe ich nicht ausmachen können.

Die großen Starenschwärme im Herbst sind Vögel, die aus Schlesien, aus Ostpolen, den baltischen Ländern zu uns kommen. Unsere Stare ziehen an die Kanalküste bis hin nach Portugal. Der Zug der Stare ist ohne Geheimnis. Vor einem halben Jahrhundert in der Mark Brandenburg beringte Vögel – im April kenntlich gemacht – sind ein halbes Jahr später in Belgien, in Ostfrankreich und zum Teil in Südengland eingefangen worden.

Der Star, östlich der Elbe auch Sprehe genannt, ist seit Menschengedenken auch ein Stubenvogel gewesen. In Käfigen aufgezogen, verliert er jede Scheu, doch daß er auch sprechen lernt wie ein Papagei, gehört wohl eher zu den Legenden. Er kann Laute nachahmen, doch daß er, wie berichtet wird, fähig ist, Sätze zu sprechen, wie etwa den: »Es lebe der Kaiser«, muß doch bezweifelt werden. Andererseits, Plinius berichtet, daß Nero und Britannicus als Knaben sprechende Stare zu Gefährten hatten. Unser Star, der aufgeregt über die Wiese watschelt, ein alter Lateiner?

Der Fink

Überall zu Haus

Wenn an warmen Februartagen die Meisen laut rufen, nehmen viele Menschen das als Zeichen dafür, daß der Winter nun zu Ende ist, und sie sagen: »Die Finken schlagen schon.« Aber die Finken schlagen erst, wenn der Frühling wirklich da ist.
Drei Arten von Finken sind in Deutschland zu beobachten, und im Hochgebirge kommt gelegentlich eine vierte dazu. Alle vier sind nicht vom Aussterben bedroht; im Gegenteil, es gibt »Finkenjahre«, in denen sie in Scharen auftreten. Nur der Buchfink, auch Edel-

fink genannt, und der Grünfink sind überall bei uns zu Hause, am Stadtrand, in Gärten, in Parks, in Dörfern, an Waldrändern und auch in lichten Wäldern. Der Schneefink nistet in den Alpen, erst dort, wo keine Bäume mehr wachsen, und der Bergfink ist nur im Winter zu Gast bei uns.

Der Buchfink ist ein Zugvogel, man merkt es nur nicht. Die bei uns überwintern, in ihrer Mehrzahl jedenfalls, kommen aus dem Norden und dem Osten, einige allerdings, vor allem in milden Wintern, sind auch standorttreu. Der Ornithologe Naumann schreibt: »Dieser Fink hat eine angenehme Gestalt und trägt sich auch meistens so, daß er immer schlank und glatt aussieht. Er ist munter, geschickt, gewandt und zutraulich.« Und dann schreibt Naumann in seiner Naturgeschichte der Vögel sieben Seiten lang über den Gesang des Buchfinken.

Vor einigen Jahren hatte ich das Glück, vier Meter vor meinem Fenster in einer Kiefer zu beobachten, wie ein Buchfinkenpärchen sein Nest baute, eine Halbkugel, in die man hineinsehen konnte. Sie zogen ihre Jungen groß, nur drei, doch zwei oder drei Tage ehe die Jungen flügge waren, zerstörten Elstern das Nest und fraßen die Brut.

Der Grünfink, nicht ganz so häufig wie der Buchfink, aber keineswegs selten, kann, wenn es um den Gesang geht, mit seinem Vetter nicht mithalten. Sein Gesang ist ein kurzer Triller mit einem angehobenen Ton am Ende. Aber wie alle Unmusikalischen ist er in sein Lied verliebt. Ich habe mitgezählt, als er an einem

Morgen im Mai von 5 Uhr 50 bis 6 Uhr 28 seinen Triller unermüdlich wiederholte, 74mal. Wenn es dem Grünfinken auch an Stimme mangelt, couragierter als Buchfinken sind sie allemal. Ohne Umschweife fliegen sie ein Futterhaus an, während Buchfinken das erst wagen, wenn die Temperatur unter minus zehn sinkt und tagelang eine geschlossene Schneedecke liegt.

Der Bergfink, unser Wintergast, ist zu Hause, wo der Turmfalke, die Lerche und der Buchfink verschwinden. Er baut sein Nest nördlich und südlich des Polarkreises, dort, wo noch Birken und Fichten wachsen. Schon in Mittel- und Südschweden nistet er nicht. Hübsch sind die Finken alle, doch für mich ist er der hübscheste, der bunteste. Und von allen Finken ist er wohl derjenige, dem man so etwas wie Freßsucht bescheinigen muß. Im Oktober treffen die ersten bei uns ein – und wenn die Winter in Nordeuropa rauh und hart sind, dann sind es im November Scharen, zu Hunderten und Tausenden sind sie in einem Waldstück anzutreffen. Noch Anfang des Jahrhunderts hat man sie im Elsaß, in Lothringen und in der Pfalz, fackelbewehrt in die Wälder ziehend, zu Hunderten mit Blasrohren erlegt und gebraten. Doch ihr Fleisch soll bitter schmecken, weniger lieblich als das des Buchfinken. Ornithologen des vorigen Jahrhunderts schreiben, wenn sie vom Bergfinken berichten, von »wolkenähnlichen Zügen«. Doch sie geben, als der Singvogelfang auch in Deutschland noch üblich war, zu bedenken, daß dem Massenfang auch dieses Vo-

gels Einhalt geboten werden solle, denn sicherlich gebe es auch nordische Menschen, die im Sommer an den Finken ihre Freude hätten.
Wie alle Finken, werden sie als zänkisch beschrieben. Nach meiner Beobachtung sind sie am Futterhaus manierlich, obwohl sie meist in der Überzahl sind. Und wiederholt gesehen habe ich, daß Dompfaffen sie, wenn sie ihnen zu nahe kommen, wegbeißen. Bei Grünfinken tun sie das nicht. Abneigung gegen Ausländer?
Den Schneefinken habe ich ausgiebig nur auf der Diavolezza beobachten können. Er war mitten im Winter dort so zahlreich wie bei uns die Spatzen im Sommer. Nicht gerade zutraulich, aber auch nicht scheu. Er nistet, wie es bei Naumann heißt, nur in hohen Regionen der Gebirge, wo der ewige Schnee beginnt. Und noch ein Naumann-Zitat: »Der Schneefink belebt die öden Berge und ist besonders jenen Geistlichen, welche die Menschenliebe auf hohen Gebirgspässen vereinigte, ihr Leben der Hilfe und Rettung einzelner verirrter und verunglückter Reisender zu widmen, ein lieblicher Gesellschafter...«
Statt der Geistlichen gibt es heute den Rettungshubschrauber. Und daß die Pistenraser jemals einen Schneefinken wahrnehmen, ist unwahrscheinlich. Doch wenn auch nicht so zahlreich wie seine Vettern im Flachland, so hat der Schneefink doch gute Chancen zu überleben, denn noch immer gibt es ein paar Felswände, die den Bergsteigern – und den Touristen ohnehin – unerreichbar bleiben.

Amsel und Drossel

Heimisch im Garten

Die Amsel ist so bekannt, daß man ihr Aussehen nicht beschreiben muß. Während der Spatz noch verwechselt werden kann, mit der Heckenbraunelle beispielsweise, ist die Amsel in ihrem schwarzen Kleid mit dem gelben Schnabel unverwechselbar. Ist sie es wirklich?

In Wahrheit ist die Amsel eine Drossel, die Schwarzdrossel nämlich. Heinroth schreibt: »Drosseln gibt es in einer Unzahl von Arten fast auf der ganzen Erde.« Besonders schöne sind in Sibirien zu Hause. Bei uns gibt es fünf, die Schwarzdrossel, die Singdrossel, die Misteldrossel, die Wacholderdrossel und die Ringamsel oder Ringdrossel. Zu den Drosselvögeln zählen aber auch Steinschmätzer, Rotschwänze, die Nachtigall, das Rotkehlchen und andere; es ist ähnlich wie bei den Finkvögeln, in deren Familie Kernbeißer, Stieglitz und Dompfaff gehören.

Die Schwarzdrossel gibt es in drei Ausgaben: Das Männchen ist schwarz gefärbt und hat einen gelben Schnabel, das Weibchen ist braun, mit hellerer Kehle, gefleckter Brust und einem dunklen Schnabel, während die Jungvögel dem Weibchen ähneln, doch mit rötlicherem Gefieder. Vor 100 Jahren war die Schwarzdrossel noch überwiegend ein Waldvogel, heute ist sie selbst in den Zentren von Großstädten heimisch, wo sie in Balkonkästen, in Mauernischen nistet, natürlich auch in Gärten, in denen es Hecken oder Gebüsch gibt und Fichten oder Tannen.

Während die Schwarzdrossel ein heimischer Vogel ist, wenn auch, mit Ausnahme alter Vögel, nicht immer standorttreu, sind alle anderen Drosseln Zugvögel, die im südlicheren Westeuropa und in den Mittelmeerländern überwintern. In milden Wintern sind Singdrosseln, vor allem aber Wachholderdrosseln, auch in Mitteleuropa anzutreffen.

Die Singdrossel ist mit etwa 20 Zentimeter Länge fünf Zentimeter kleiner als die Schwarzdrossel, hat auch einen kürzeren Schwanz, aber mit ihren 35 Zentimetern Flügelspanne kommt sie ihrer größeren Schwester gleich, was bedeutet: Sie ist der bessere Flieger. Oft

schon in den ersten Märztagen trifft die Singdrossel bei uns ein. Auf den Spitzen der noch kahlen Bäume sitzend, beginnt sie in der Morgendämmerung mit ihrem Gesang, der an Kraft und Fabulierlust dem der Nachtigall nahekommt.
Wer ihr von März bis Juni zuhört, erkennt, daß sie nach zögernden Versuchen sich fast von Tag zu Tag steigert und daß ihr Lied mit der steigenden Sonne an Kraft, Ausdruck und Schönheit gewinnt. Auch die Singdrossel ist zu einem Gartenvogel geworden. Während die Schwarzdrossel in der Wahl des Nistplatzes wenig wählerisch ist und oft ein eher schlampiges Nest baut – ich habe welche gesehen, in denen Folienreste von Zigarettenpackungen eingeflochten waren –, baut die Singdrossel ihr Nest am liebsten in etwa fünf Meter hohe Fichten oder Kiefern. Das Nest ist rund und innen wie mit Lehm ausgeschmiert, einer Mischung aus Erde und Speichel, glatt und hart.
Im Gegensatz zur Singdrossel ist die Misteldrossel, die mit der Singdrossel verwechselt werden kann, obwohl sie größer ist, überwiegend Waldvogel geblieben. Ihr Nest baut sie hoch oben in den Baumkronen, oft auch in Eichen und Buchen. Sie ist kein großer Sänger, und sie kommt bei weitem nicht so oft vor wie die Singdrossel, von der Schwarzdrossel ganz zu schweigen. Gleiches gilt für die Ringdrossel, die eine Schwester der Schwarzdrossel ist, leicht erkennbar an dem weißen Brustschild. Im Flachland ist sie eigentlich nur auf dem Zuge zu beobachten.
Schließlich die Wacholderdrossel, der »Krammetsvo-

gel«. Sie gehört in Deutschland zu den noch seltenen Brutvögeln, doch vor allem im Herbst ist sie, aus dem Norden kommend, ein Durchzugsgast, der sich Zeit läßt. Dann treten die Wacholderdrosseln, wie die Stare, in großen Schwärmen auf. Lärmend fallen sie in Gärten ein, flattern aufgeregt hin und her und plündern in kurzer Frist Ebereschen und Holunderbäume. Schreckt man sie auf, wirbeln sie wie eine Wolke in die Luft, um sich Augenblicke später in nächster Nähe wieder niederzulassen.

Naumann berichtet, daß ihr Fleisch recht schmackhaft sei und das der jungen Vögel delikat. Nach seinen Angaben sind Ende des vorigen Jahrhunderts allein in Ostpreußen jährlich 600000 Krammetsvögel auf den Markt gekommen. Auf Märkten in Belgien kann man heute noch im Herbst Krammetsvögel kaufen, auch in Italien werden sie wohl immer noch geschossen, und dies, obwohl schon am 19. März 1902 in Paris eine Konvention unterzeichnet wurde, in deren Artikel drei es heißt: »Es soll verboten werden das Aufstellen und die Anwendung von Fallen, Netzen, Schlingen, Leimruten usw. ..., welche den Zweck haben, den Massenfang oder die Massentötung der Vögel zu erleichtern.«

Auch die belgische Regierung hat damals unterschrieben. Auf der Liste der zu beschützenden Vögel waren die Drosseln nicht genannt, doch die Drosseln haben überlebt – und nicht nur das. Im Hamburger Umland beispielsweise zählen alle Arten von Drosseln, die Ringdrossel ausgenommen, zu den Arten, bei denen seit 1900 eine deutliche Vermehrung festzustellen ist. Die Spottdrossel allerdings gehört nicht dazu – aber sie gibt es auch nur in Nordamerika, eine von den »unzähligen Arten«, von denen anfangs die Rede war.

Die Blaukehlchen

Schönheit mit Stern

Das Blaukehlchen – exakt: das Weißsternige Blaukehlchen – habe ich ins Herz geschlossen. Wer dieses versteckt lebende Vögelchen zu Gesicht bekommt, hat Mühe, es in nüchterner Prosa zu beschreiben. Auch große Ornithologen hatten da, wie es scheint, ihre Schwierigkeiten. Naumann sagt über dieses Vögelchen, das nur wenig kleiner als ein Rotkehlchen ist: »Die schönste Zierde ist ein herrliches, glänzendes Lazurblau, welches die Kehle und Gurgel bis zum Kropfe einnimmt, sich hier seitwärts wie ein Ringkragen ausbreitet, aber am Ende in Schwarz übergeht und hier von einer feinen weißen Linie in einem Bogen quer über die Oberbrust begrenzt ist, die das schöne blaue Schild von einer lebhaft rostfarbigen Binde abschneidet. Mitten auf der Gurgel steht im Blauen ein hellweißer Fleck.«

So geht es weiter über noch zweieinhalb Druckseiten. Es gehört nicht viel Phantasie dazu, um zu begreifen, daß es sich um einen ausnehmend schönen und zugleich lieblichen Vogel handelt. So heißt es denn bei Brehm: »Nicht seine Schönheit allein, auch und wohl noch in höherem Grade sein Betragen, seine Sitten und seine Gewohnheiten ziehen uns an und fesseln uns.« Zitate, die eher eine Stimmung denn eine Beschreibung wiedergeben. Das Blaukehlchen blendet den Betrachter und verführt ihn zu Hymnen.

Zu Hause ist das Blaukehlchen in ganz Europa, freilich nur dort, wo es dichtes Buschwerk gibt, wo Bäche, Gräben, Seen, Sümpfe in der Nähe sind und die Ufer der Flüsse eine üppige Vegetation haben. Häufig und gemein war das Blaukehlchen nie und nirgends; es heute aufzuspüren erfordert nicht nur Kenntnis, sondern auch Geduld. Es gibt in Europa drei geringfügig voneinander abweichende Arten. Im Umfeld von Hamburg ist das Blaukehlchen zuletzt Ende der sechziger Jahre als Brutvogel gesehen worden.

Ich habe Blaukehlchen zuerst in den stillen Buchten der Havelseen angetroffen, später in den umwaldeten Seen bei Mölln in Schleswig-Holstein. An schwedischen Seen und Bächen blieb es bei der Hoffnung, vielleicht reichte meine Geduld nicht aus. Sein Nest baut das Blaukehlchen dicht am Boden, versteckt im Gestrüpp, oft auch in Erdlöchern. Aus Hälmchen und Haaren geflochten, ist das Nest nach oben offen. Mitte Mai brütet das Pärchen, meist allerdings das Weibchen, über fünf bis sechs Eiern. Jungvögel werden oft die Beute von Ratten, Füchsen und anderen Räubern. Insekten, Käfer, Würmer (wobei Insekten selten im Fluge gefangen werden, wie sich dieser Vogel überhaupt viel am Boden aufhält) sind die Nahrung des Blaukehlchens; im Sommer auch Beeren. Ende August verläßt der Vogel seine Brutplätze, um in Afrika, am Nil und an anderen Flüssen, zu überwintern. Sie ziehen einzeln, selten in kleinen Gruppen, und kommen Ende März, Anfang April zurück, die Männchen früher als die Weibchen.

Wegen seiner Schönheit war das Blaukehlchen im vorigen Jahrhundert als Stubenvogel geschätzt, wenngleich sein Gesang, eine Mischung zwischen Schnurren und sich wiederholendem Flöten, weit hinter dem der Nachtigall zurückbleibt. Es ist nicht auszuschließen, daß Blaukehlchen auch heute noch auf Singvogelmärkten in Europa, legalen und illegalen, gehandelt werden. Ich habe nie ein Blaukehlchen im Käfig gesehen. Ein gutes Zeichen? Sicherlich, aber auch ein Hinweis darauf, daß selbst Ornithologen in nicht allzu ferner Zukunft Blaukehlchen nur noch auf Schautafeln werden ansehen können.

Der Pirol

Ein flüchtiger Gast

Seinen Ruf, ein helles, melodisches Flöten, hat mancher schon gehört, ohne sagen zu können, wer der Sänger ist. Gesehen haben ihn nur wenige, denn er ist scheu, hält sich gern in den Wipfeln dicht belaubter Bäume auf. Doch an warmen Sommertagen, wenn die schwarzen Kirschen in der Sonne gereift sind, kann man sein Schäckern auch in den Kirschplantagen hören, und wenn man Glück hat, kann man ihn auch sehen. Der amselgroße Vogel ist leuchtend gelb, die Schwingen und ein Teil des Schwanzes sind sammet-

schwarz. Das gilt für das Männchen. Das Pirolweibchen ist unscheinbarer, es ist grünlich-gelb gestrichelt.
Heinrich Seidel, der Autor von »Leberecht Hühnchen«, einem um die Jahrhundertwende viel gelesenen Buch, der als Ingenieur einer der Konstrukteure des Anhalter Bahnhofs in Berlin war, hat auch ein Vogelbuch geschrieben. Und zum Pirol bemerkte er: »Es ist in der Vogelwelt wie immer: Wenn jemand geputzt geht, sind es die Männchen, umgekehrt wie bei uns, wo nur der Soldatenstand eine Ausnahme macht.« – Damals, 1890 war das so.
Pfingstvogel nannte die Landbevölkerung den Pirol, denn er kommt erst Mitte Mai zu uns und schon in den ersten Augusttagen zieht er zurück nach Afrika. Seine Trivialnamen sind zahlreich, der bekannteste, wegen seines flötenden Gesangs, ist »Schulze von Bülow«. Aber auch »Bierholer«, »Kirschdrossel« oder »Regenvogel« wird er genannt. Wurde er genannt, muß es heißen. Der Pirol, in den Sommermonaten ein flüchtiger Gast, war nirgendwo in Deutschland häufig, doch er war, zumindest im Flachland, überall ein Brutvogel. Er war an Waldrändern, in Feldgehölzen, in Parks anzutreffen. »Regenvogel« nannte man ihn, weil er an schwülen Tagen, kurz vor einem Gewitter, außerordentlich betriebsam und ruffreudig war. Kurios auch, daß er, der nicht gerade gesellig ist, an heißen Tagen sich mit seinen Artgenossen ins Wasser stürzt, um zu baden. Und das ein dutzendmal nacheinander und mehr.

Der Garten eines Onkels von mir grenzte an den alten Friedhof von Babelsberg. Von dort, aus den Kronen der Akazien und wohl auch Platanen, klang an warmen Sommerabenden der Ruf des Pirols herüber. Gesehen habe ich diesen schönen Vogel nur dreimal, zuletzt im Kölner Stadtwald, als an seinem südlichen Rand die Autobahn gebaut wurde, also vor mehr als 20 Jahren. Brehm schreibt: »Ein einziger Pirol ist fähig, einen ganzen Park zu beleben.« Doch der Ruf des Pirols ist selten geworden. Bemerkenswert an diesem Vogel, der in unseren Breiten nur in einer Art vorkommt, während die Familie in den Tropen mehr als siebzig Arten zählt, ist das Nest. In Astgabeln baut er eine Art Hängematte. Zunächst webt er um die Äste ein Netz aus Ranken, Birkenrinde und anderen ihm geeignet erscheinenden Stoffen, die er mit seinem Speichel klebrig macht, dann polstert er die so entstandene Mulde aus mit allem, was er gerade findet. Man hat Nester gefunden, die mit Holzwolle, einem Geldschein, Resten von Zigarettenschachteln oder mit Zeitungspapier ausgelegt waren.

Naumann schrieb im vorigen Jahrhundert, daß der Pirol den Obstpächtern und Kirschliebhabern ein sehr verhaßter Vogel sei und daß ihnen nichts bliebe, als ihn totzuschießen, denn nachhaltig verscheuchen lasse sich der sonst so scheue Vogel nicht. Wahrscheinlich hat man zu viele von ihnen totgeschossen, obwohl die reifen Kirschen für den Pirol nur »Kompott« waren, denn seine Nahrung sind Raupen, Larven und anderes Ungeziefer, das an den Bäumen im Walde zu finden

ist. Und als es noch Maikäfer gab, sorgte der Pirol dafür, daß sie nicht zur Plage wurden.
Ginge es nur um die Kirschen, für den Pirol wäre Deutschland heute ein Schlaraffenland, denn ein großer Teil der Ernte verfault jahraus, jahrein an den Bäumen. Aber auch ein Pirol braucht mehr als nur Kirschen; wie sonst ist zu erklären, daß man ihn, den man selten sah, nun nicht einmal mehr hört?

Der Stieglitz

Ein vergnügter Schwätzer

Irgendwann einmal hat es in Preußen eine Verordnung gegeben, nach der alle Disteln auszurotten seien. Disteln, das war Unkraut, sie waren stachelig, widerborstig. Doch die Distel war stärker als Papier, sie hat der Vernichtung, der Ausrottung widerstanden und mit ihr auch der Distelfink, dessen Lieblingspflanze sie ist.

»Unter den kleinen Vögeln unseres Vaterlandes ist dies einer der schönsten und angenehmsten an Gestalt und Farbe, wie im Betragen.« So der Ornithologe

Naumann vor 150 Jahren – und es ist noch immer wahr, auch wenn das Vaterland von damals darüber verlorenging.

Der Stieglitz, auch Distelfink genannt, kleiner als der Sperling, ist so bunt und vergnügt wie eh und je. Sein Gefieder ist eine Komposition fast aller Farben, die wir kennen; schwarz, weiß und karminrot der Kopf, gelbbraun der Nacken, in helles Grau übergehend. Der Bauch ist weiß. Die Flügel sind im Ansatz schwarz, in der Mitte hellgelb, an den Spitzen schwarzweiß gefleckt. In einer Ecke meines Gartens breitet sich seit Jahren ein kleines Brennesselfeld aus, an dessen Rand eine Distel wächst. Jedes Jahr treibt sie mehr Triebe, und fast alle werden mannshoch, geschmückt mit einer großen Zahl lichtblauer Blüten. An den Distelstöcken klettern im Herbst die Distelfinken herum, wiegen sich im Wind. Meist sind es kleine Völkchen, etwa fünf bis neun Vögel. Sie sind wenig scheu, schwätzen unablässig miteinander, und ihnen zuzusehen, stimmt heiter.

Der Stieglitz ist ein Jahresvogel; seine Heimat ist ganz Europa bis hinauf nach Skandinavien, auch in großen Teilen Asiens und in Nordafrika ist er heimisch. Im Gebirge, in Höhen über 1000 Meter, sieht man ihn nicht. Auswanderer haben ihn nach Nordamerika mitgenommen, und auch dort gehört er seit mehr als hundert Jahren zu den Brutvögeln.

In einem »Exkursionsbuch zum Studium der Vogelstimmen«, erschienen um die Jahrhundertwende, heißt es: »Wer Stieglitze im Freien beobachten will, darf sie nicht im Walde suchen oder doch nur an Waldrändern, wo es Ulmen und Zitterpappeln gibt, deren Blütenstände ihnen im Vorfrühling reichlich Nahrung bieten. Später bevorzugen sie die blühenden Obstgärten. Erst im Mai lösen sich die Gesellschaften auf und begeben sich zu den Brutorten... Stieglitze sind beinahe ebenso geschwätzig wie Zeisige und singen bis zur Mauserzeit.« Und dann setzt der Autor das »Ditlit-Didlit« in Noten. Doch könnte man auch noch so sicher vom Blatt singen, den rechten Ton, fürchte ich, träfe man nicht. Es ist kein zarter Gesang, sondern eher ein inniges, vergnügliches Schwätzen.

Früher nistete der Stieglitz vor allem in den Obstgärten, doch gestutzte Spaliere sind seine Sache nicht, es müssen hohe, alte Bäume sein, denn stets baut er sein Nest in den Kronen der Bäume, in alten Kastanienbäumen auch, 10 bis 15 Meter über dem Erdboden, selten einmal niedriger als fünf Meter. In Astgabeln wird das Nest aus Halmen, Fasern und Flechten kunstvoll verflochten, innen mit Haaren gepolstert und natürlich auch mit der Wolle der Distelblüten. In der Regel haben Stieglitze wohl nur eine Brut im Jahr; ausgebrütet werden vier bis sechs gefleckte, dunkelfarbige Eier. Während der Brutzeit und der Aufzucht der Jungen sind Insekten, Fliegen, Blattläuse und anderes Kleingetier, das sie in den Blüten der Obstbäume finden, die Nahrung.

Zur Zeit unserer Großväter war der Stieglitz ein beliebter Stubenvogel, der sich auch mit Kanarienvögeln paarte. Ob die Bastarde so sangesfreudig waren wie die trillernden Kanarienhähne, weiß ich nicht. Ich habe als Junge am Teltowkanal, dem Stück zwischen Havel und Griebnitzsee, noch Vogelmiere gesucht für Stieglitze und Zeisige, die eine ältere Dame in großen Käfigen hielt. Noch einmal Naumann: »Als Stubenvögel sind sie mancherlei Krankheiten unterworfen, sie bekommen die fallende Sucht, Schwindel, geschwollene Füße und im Alter oft böse Augen...« Wen wundert das? Ein Vogel, der in den Kronen der Bäume zu Hause ist, der gesellig unter seinesgleichen lebt, der im Winter, wenn die blasse Sonne über der verschneiten Landschaft steht, in kleinen Trupps über die Felder streift, daß es scheint, als seien fliegende Sterntaler unterwegs –, im Käfig muß ein solcher Vogel sterben.

Der Zeisig

Am liebsten Hirsebrei

Man hat ihn »Engelchen« genannt und seinen im Norden lebenden Bruder »Mausevogel«. Gemeint sind der Erlenzeisig und der Birkenzeisig. Ihrem aus den Süden kommenden Verwandten, dem Girlitz, hat der Volksmund den Namen »Hirngrille« gegeben. Geheimnisumwitterte, fast mystische Namen, so will es scheinen, dabei war der Zeisig in den Stuben auf dem Lande der bei weitem beliebteste Käfigvogel, noch bis in dieses Jahrhundert hinein. Er war wenig scheu, gewöhnte sich schnell an den Menschen, trillerte allzeit sein einfaches Liedchen, und Hirsebrei, wie er auch in den Bauernküchen in die Teller gefüllt wurde, war ihm die liebste Speise.

In Deutschland ist nur der Erlenzeisig zu Hause und seit mehr als 100 Jahren auch der Girlitz. Der Birkenzeisig ist ein nordischer Vogel. Doch weshalb mystisch? – Nur wenige Menschen haben je das Nest eines Erlenzeisigs gesehen. Er nistet in Nadelwäldern und dort auf den höchsten Bäumen, 20 bis 25 Meter über dem Boden. Das Nest aus Halmen, Flechten und Moos ist nicht am Stamm gebaut, sondern in dichte Zweige eingebunden. Und weil es fast immer unauffindbar ist, entstand die Sage, daß im Nest des Zeisigs ein Stein liege, der es, samt dem Vogel und seiner Brut, unsichtbar mache. Unsichtbar wie die »Engelchen«. Der Birkenzeisig wiederum kam nur in strengen Wintern aus Skandinavien nach Deutschland. Da man ihn im Sommer hierzulande also nie sah, erzählten die Bauern – das Märchen soll seinen Ursprung in Schlesien haben –, dieser Vogel sei eine Maus, die nur im Winter Flügel habe und sichtbar werde. Von der »Hirngrille«, dem Girlitz, heißt es, daß Vogelhändler aus Tirol ihn nach Deutschland gebracht hätten. So jedenfalls steht es in einem Vogelbuch aus dem Jahre 1720. Tatsache ist, daß der Girlitz vor mehr als 100 Jahren begann, sein Brutgebiet nach Norden und Osten auszudehnen, sowohl rheinabwärts als auch die Donau entlang und über die Elbe bis nach Pommern und Danzig. Ist dieser Vogel vielleicht schon damals der Vorbote einer Klimaveränderung gewesen? –

Meine Beobachtung beschränkt sich auf die Weinberge und Gärten der Wachau. Da ist der Girlitz zahlreich, keine Plage, aber etwa so häufig wie bei uns fast überall der Buchfink. Der Girlitz ist ein Vetter des Kanarienvogels, sein Gefieder ist gelb-grün und grau-braun gestreift, Brust und Kopfplatte sind hellgelb. Das Vögelchen ist elf Zentimeter lang und etwa zwölf Gramm schwer – oder besser wohl: leicht. Sein Nest baut es in Laubbäumen, und in den Weingärten ist es vermutlich deshalb anzutreffen, weil es dort überall Obst- und Nußbäume gibt, und in den steilen Lagen dichtes Buschwerk. Naumann meint, daß das Girlitz-Nest zu den niedlichsten der Vogelwelt zählt, denn es sei mit großer Kunst geflochten. Drei bis fünf Eier werden in zwei Wochen ausgebrütet. Meist gibt es zwei Bruten im Jahr. Der Girlitz ist, wie alle Finkenvögel, vor allem Samenfresser. Wo es noch Telegrafendrähte gibt, sitzt er auf denselben, wie die Schwalben, aber immer einzeln oder im gehörigen Abstand zum Nachbarn und zwitschert unentwegt. Manchmal kommen lieblich anzuhörende Strophen zustande. In milden Wintern bleiben die Vögel standorttreu.
Der Birkenzeisig, auch Leinfink genannt, ist bei uns nur Gast. In strengen Wintern soll er früher, ähnlich wie der Bergfink heute noch, zu Tausenden eingefallen sein. Ich habe ihn in Deutschland nie gesehen, auch in kalten Jahren nicht. Unübersehbar ist er aber im Spätsommer in Skandinavien. So wie bei uns die Meisenvölkchen herumfliegen, wenn der Winter naht,

sieht man sie dann überall, sie hängen in den Birkenzweigen, von denen sie den Namen haben, plündern die Samenkapseln, ebenso an den Erlen. Die Samen des Sauerampfers gehören offenbar zu ihren Lieblingsspeisen, an einem Stengel hängen dann oft drei oder fünf Vögelchen. Der Birkenzeisig ist etwas größer als der bei uns heimische Erlenzeisig, sein Gefieder ist dunkler, ohne jeden Hauch von Gelb, und die Brust rötlich, so daß er mit dem Hänfling leicht zu verwechseln ist.

Der Erlenzeisig ist in Nadelwäldern zu Hause, vor allem im Gebirge. Unter den Finkenvögeln ist er der kleinste, so groß wie der Girlitz; die Flügelspanne beträgt knapp 20 Zentimeter. Es ist ein grau-gelb gefiederter Vogel mit schwarzem Scheitel und Nacken. Wenn auch die zweite Brut, Ende Juli nach der ersten, die es schon im April gibt, großgezogen ist, kommt der Erlenzeisig ins Flachland. Es ist die Zeit, in der die Samen der Erlen reif sind. Doch dieses Vögelchen, gewandt und hurtig wie die Meisen, hängt sich auch an Birken, an Fichten, Disteln und Mohnblumen. Und, wie Naumann meint, es frißt den ganzen Tag.

Der Erlenzeisig ist ein Stand-, aber auch ein Strichvogel, das weiß man seit langem. Zwei in Berlin beringte Vögel, der eine im März 1935 in Spandau beringt, wurde ein halbes Jahr später in Weißensee, also etwa zehn Kilometer entfernt, gefangen, ein anderer, im Februar beringt, wurde im Juni in Oslo gefunden.

Es soll eine Zeit gegeben haben, in der die Erlenzeisige

im Herbst noch zahlreicher waren als die Starenschwärme. In dem Erlengrund, weitab jeder großen Stadt, den ich oft aufsuche, habe ich nie mehr als ein Dutzend, vielleicht waren es auch 20, Erlenzeisige gesehen. Muntere und doch auch wieder unauffällige Vögelchen. Aber es ist sicherlich nicht das »Unauffällige«, das dafür sorgt, daß man sie zu Tausenden nirgends mehr sieht.

Die Nachtigall

Mit Sang und Schalle

Über dem Jungfernsee ging die Sonne auf; ihre Strahlen fielen erst ein paar Minuten später in mein Zimmer, denn sie hatten eine Mauer zu überwinden. Vor der Mauer liegt im Neuen Garten von Potsdam das Schloß Cäcilienhof, heute Hotel und historischer Platz; hier unterschrieben Stalin, Truman und Attlee das Potsdamer Abkommen. Der Neue Garten ist ein Park, an der Havel, dem Jungfernsee und dem Heiligen See gelegen, nur ein paar hundert Meter entfernt von der Glienicker Brücke, gegenüber, am anderen

Ufer, die Pfaueninsel, Nikolskoe: Westberlin. Noch ehe an diesem Junimorgen die Sonne aufgegangen war, jubelten in den Rhododendronbüschen, 20 Meter von der Mauer entfernt, die hier auf dem Havelufer der DDR steht, die Nachtigallen. Fünf oder sechs waren es. Sie wollten, so schien es, einander übertreffen. Erinnerung überkam mich: Auf der anderen Seite des Heiligen Sees bin ich groß geworden. Auch damals schluchzten die Nachtigallen um unser Haus, doch ich habe ihnen nie so zugehört wie an diesem Morgen.

Die Nachtigall ist ein unscheinbarer Vogel, rot- bis gelblich-grau gefiedert und etwas größer als ein Rotkehlchen. Sie singt keineswegs nur in der Nacht, aber eben auch dann, wenn es dunkel ist und die anderen Sänger schweigen. In einigen Gegenden nennt man sie deshalb auch »Tagnachtigall«. Schon im Mittelalter ist der Name belegt: Nachtgall.

Mitte April treffen die Männchen, die im nördlichen und mittleren Afrika überwintern, bei uns ein, etwa zwei Wochen früher als die Weibchen. Sie fliegen des Nachts, nicht in Schwärmen, und sie kehren immer wieder in das gleiche Revier zurück, das sie hartnäckig verteidigen. In dichten Büschen, nah am Boden, bauen sie ihr Nest, auch in Gärten und Parks, oft in nicht ferner Nachbarschaft. Doch wo gibt es noch dichtes Buschwerk und Nistmöglichkeiten, die von streunenden Katzen nicht heimgesucht und von ordnungsliebenden Gärtnern und Freizeitgärtnern nicht ausgedünnt werden?

Ende Juni, wenn die Brut großgezogen ist (es werden nie mehr als sechs Eier bebrütet), verstummt die Nachtigall und spätestens im September verläßt sie ihr Brutrevier. Sie war übrigens niemals in ganz Deutschland heimisch. Den Nordosten und den Osten Deutschlands überließ sie ihrem Vetter, dem Sprosser. Doch es gibt Grenzgebiete, in denen beide zu hören sind. Und wie nicht anders zu erwarten, haben Ornithologen erbittert darüber gestritten, welcher Vogel wohl der gewaltigere Sänger ist. (Sänger sind übrigens allein die Männchen.)

Vor 20 Jahren hatte ich im Kölner Stadtwald ein tägliches Rendezvous mit einer Nachtigall. Sie hatte ihr Nest im dichten Gebüsch an einem Teich und saß singend oft auf dem Geländer einer kleinen Brücke. Es war ein wenig scheues Vögelchen, das auch Lockrufen zugänglich war.

Ein Braunschweiger Vogelfreund schrieb um die Jahrhundertwende: »Vor etwa 50 Jahren konnte man bei einem Spaziergange um die Promenade der Stadt an einem Maiabende 15 bis 20 Nachtigallen schlagen hören, jetzt vielleicht drei bis vier... Die menschlichen Kulturunternehmungen, wie die völlige Ausholzung der Auwälder, die Entfernung jeglichen Gebüsches und Unterholzes... aber auch die Verseuchung der Wässer mit Chemikalien haben die Nachtigall auf weite Strecken hin vertrieben.« Geschrieben im Oktober 1903.

Im Jahre 1832 gab Nikolaus Lenau zu bedenken: »Es scheint mir von ernster, tiefer Bedeutung, daß Ame-

rika gar keine Nachtigall hat.« Was immer er damit im Sinn hatte, ein halbes Jahrhundert später dichtete Theodor Storm:
»Das macht, es hat die Nachtigall gesungen, / die ganze Nacht gesungen; / da sind von ihrem süßen Schall, / da sind in Hall und Widerhall / die Rosen aufgesprungen.«

Gäste am Haus und im Garten

Die Schwalbe

Schwalben schwätzen

Ein Kuhstall ohne Schwalben, ein Gehöft, an dem es keine Schwalbennester gab, das war vor 50 Jahren auf dem Lande für jedermann ein totes Haus, ein Haus ohne Glück. In den Ställen, den Tennen, aber auch in mancher Bauernküche und Bauernstube baute die Rauchschwalbe, am liebsten an rauhen Balken, ihr offenes Nest; draußen, dicht unterm Dach, klebten die Nester der Mehlschwalbe, mit einem schmalen Einflugloch, einem Schlitz nur, um den dicken Spatzen das Besetzen der Nester zu erschweren.

Ich weiß noch von einem strohgedeckten Bauernhaus in einem Dorf, das heute zu einem Stadtteil Hamburgs geworden ist, in dem auf der Tenne und in den Ställen etwa dreißig Rauchschwalbenpärchen ein- und ausflogen. Und jedes Jahr kamen zwei oder drei Nester hinzu. Kaum weniger waren es draußen unter dem tief heruntergezogenen Strohdach. Unter einem solchen Nest zu stehen und die schon gefiederten Jungen zu locken, so daß sie Futter erwartend über den Rand guckten, oder abends, wenn sich bis zu acht Schwalben im engen Nest drängten und unaufhörlich schwätzten, ihnen zuzuhören, gehört zu den Erinnerungen der Kindheit.

Die Rauchschwalbe ist nicht nur ortstreu, sie ist, wenn sie den Flug in den Süden, der sie bis nach Südafrika führen kann, und dann den Rückflug übersteht, sogar nesttreu. Ein Vögelchen, das etwa 20 Gramm schwer ist, um die halbe Welt fliegt und dann in sein Nest zurückkehrt – was auch immer erforscht werden mag: Hier hat man es mit einem Wunder zu tun.

Beide Schwalbenarten mauern ihr Nest, indem sie kleine, mit Speichel durchtränkte, feuchte Erdklümpchen aufeinanderschichten, in acht bis zehn Tagen. Die etwas größere Rauchschwalbe, etwa 18 Zentimeter lang sowie mit einem längeren »Schwalbenschwanz«, unterscheidet sich von der Mehlschwalbe dadurch, daß sie eine rostrote, dunkle Kehle hat im Gegensatz zur weißen der Mehlschwalbe, deren Füße überdies gefiedert sind. Der

Flug der Rauchschwalbe ist behender, während die Mehlschwalbe in größere Höhen steigt.

Brehm, Naumann häufig zitierend, nennt die Schwalben edle Tiere und kommt zu dem Schluß: »Ihr Treiben und Beginnen heimelt uns an; ihr zutuliches Wesen sichert ihnen selbst seitens roherer Gemüter Schutz und Gastlichkeit.« Nicht Roheit, wohl aber Gedankenlosigkeit des Menschen und der so gepriesene Fortschritt haben auch die Schwalben zu »Vögeln des Jahres« gemacht, was bedeutet, daß ihr Bestand bedrohlich zurückgeht. Ein früh hereinbrechender Winter bedeutet für die Schwalben ein Katastrophenjahr. Das letzte gab es 1974. Damals schafften es Millionen Schwalben im Oktober nicht mehr, die Alpen zu überqueren. Ein Kälteeinbruch nahm ihnen, die sich ausschließlich von im Fluge genommenen Insekten ernähren, die Futterquelle. Viele kehrten damals in ihre verlassenen Nester zurück und verhungerten dort. Hunderttausende der entkräfteten Vögel wurden gesammelt und dann mit Flugzeugen nach Südeuropa gebracht. Doch dort ausgesetzt, dürften ebenfalls nur wenige eine Überlebenschance gehabt haben – Ornithologen schätzen, etwa zehn Prozent –, denn nun hatten sie das Mittelmeer und die futterarme Sahelzone zu überqueren.

Nach dem Unglücksjahr 1974 normalisierte sich in Mitteleuropa und Südskandinavien zumindest der Bestand der Mehlschwalbe wieder, wenn man einmal die kontinuierliche Abnahme berücksichtigt. Doch seit 1983 ist nach meinen Beobachtungen, die sich auf die

Mehlschwalbe beschränken, eine Verminderung des Bestandes festzustellen, ohne daß es ein neues Katastrophenjahr gegeben hätte. Dafür Beispiele: An meinem Haus in der Umgebung von Bonn waren von 1977 an fünf Mehlschwalbennester besetzt, davon zwei künstliche. Im Dorf gab es etwa 120 Nester, und an schönen Sommerabenden war der Himmel voller Schwalben. 1984 war noch ein Nest besetzt, blieb aber ohne Brut, und 1985 gab es nach der Brut im ganzen Dorf nicht mehr als 30 Schwalben.

Dürnstein an der Donau zählte bis 1983 sicherlich 600, wenn nicht mehr besetzte Schwalbennester. Im Sommer 1985 waren weniger als ein Fünftel besetzt. Von Schwalbenschwärmen über der Donau konnte keine Rede mehr sein. Auf einem Gutshof in Mittelschweden waren im September, wenn sich die Schwalben dort zum Flug nach Süden rüsten, an der eisernen Feuerleiter des Hauses, ihrem Sammelplatz, wenigstens 150 zu zählen. Im Herbst 1985 waren es nie mehr als 30, und im Röhricht der Schilfinsel vor dem Haus, dem Schlafplatz, den die Schwalben mit den Bachstelzen teilten, blieb es gespenstisch still.

Was ist geschehen? Kein zu früher Winter, allein der Lebensraum für die Schwalben ist eng geworden. In welchem Stall aus Beton, Stahl, Glas hätte die Rauchschwalbe noch eine Chance, ihr Nest zu bauen? In Bauernstuben wird sie ohnehin nicht mehr gelitten. Und wo finden sich noch Pfützen, glitschige, vom Regen aufgeweichte Wege, die der Mehl- und der Rauchschwalbe den Baustoff für ihre Nester liefern?

Feldwege sind asphaltiert. Schlimmer aber: die Chemie hat den Fliegen und Faltern auf Feldern und Wiesen den Garaus gemacht. Was können die Schwalben im Fluge noch erhaschen?

Bleibt zu erwähnen die Uferschwalbe. Sie, die an sandigen Steilufern der Flüsse und Bäche ihre Höhlen baute, ist in wenigen tausend Exemplaren noch an Kiesgruben anzutreffen. Es waren einmal Hunderttausende in Deutschland, doch die Flüsse und Bäche sind reguliert, Steilufer wurden in Böschungen verwandelt.

Eine Schwalbe macht noch keinen Sommer, sagt nicht nur ein deutsches Sprichwort – und bei Brehm heißt es: »...ihr Kommen und Gehen hat sie von altersher als Boten und Verkündiger guter und schlimmer Tage erscheinen lassen.« – Was wird sein, wenn der Bote ausbleibt? Zu fürchten ist, daß nur wenige es bemerken werden.

Nachsatz für Fontane-Verehrer: In »Irrungen, Wirrungen« füttert Botho, auf dem Balkon sitzend, die vorüberfliegenden Schwalben mit hingeworfenen Brotkrumen. Sicher ist, daß auch im vorigen Jahrhundert, als es in Berlin noch Schwalben gab, keine von ihnen sich von Brot ernährte. Doch nicht zuletzt durch ihre Irrtümer werden Dichter unsterblich. Gott sei Dank.

Das Goldhähnchen

Drei in einem Brief

Wer sich nicht auskennt, hält sie, wenn er sie denn zu Gesicht bekommt, für junge Meisen, weil sie so klein sind, vorausgesetzt, er weiß, wie Meisen aussehen. Bei diesen klein geratenen »Meisen« handelt es sich um Goldhähnchen. In Deutschland gibt es zwei Arten: das Wintergoldhähnchen und das Sommergoldhähnchen. Auch unter Ornithologen war lange umstritten, ob die Goldhähnchen den Laubsängern zuzuordnen seien, wegen bestimmter körperlicher Merkmale, oder den Meisen, wegen des Gefieders und dem ähnlichen Verhalten. Am Ende hat man sich entschieden, daß sie zwischen den Sängern und den Meisen eine eigene Art bilden. Ein Charaktervogel also und zudem der kleinste, der in Deutschland, ja in Europa, vorkommt, kleiner als der Zaunkönig, der im Volksmund als der kleinste gilt und der sich in der Literatur, von der Lyrik bis zum Märchen, einen festen Platz erobert hat. Die Goldhähnchen sind nicht einmal zehn Zentimeter lang und wiegen fünf Gramm. Beide, sowohl Winter- als auch Sommergoldhähnchen, sind sehr quirlige Vögel. Während das Wintergoldhähnchen uns nicht verläßt und selbst sibirische Kälte übersteht, ist sein sommerlicher Vetter ein Zugvogel, der zweimal im Jahr Strecken bis zu 4000 Kilometer zurücklegt. Fünf Gramm schwer.

Heinrich Seidel schrieb um die Jahrhundertwende: »Um sich von dem Gewicht des Vögelchens eine Vorstellung zu machen, muß man sich vergegenwärtigen, daß man drei von ihnen in einem einfachen Brief versenden könnte, ohne Mehrporto bezahlen zu müssen.« Das Goldhähnchen bringt auch heute nicht mehr auf die Waage, nur das Porto ist teurer geworden.

Winter- und Sommergoldhähnchen voneinander zu unterscheiden ist nicht einfach. Schon die alten Namen machen dies deutlich: Gelbköpfiges Goldhähnchen heißt das eine, das andere feuerköpfiges Goldhähnchen. Beide Vögelchen sind grüngrau gefiedert, die Flügel ähnlich denen der Kohlmeise gefärbt, die Unterseite ist schmutzig weiß. Wirklich zu unterscheiden sind sie am Köpfchen. Das Sommergoldhähnchen hat einen weißen Streif über dem Auge und einen schwarzen Augenstrich, beides fehlt dem Wintergoldhähnchen, das um das Auge einen weißlichen Fleck hat. Mir ist bei diesem Vögelchen, das kaum länger als drei Sekunden an einem Platz verharrt, die Unterscheidung nie gelungen; ich vermute, auch im Sommer immer nur Wintergoldhähnchen gesehen zu haben, denn über Jahre hinweg haben sie in einer Tanne in meinem Garten gebrütet, und nur das Wintergoldhähnchen baut sein Nest ausschließlich in Tannen oder Fichten. Das Sommergoldhähnchen ist da nicht so wählerisch.

Das Wintergoldhähnchen ist Stand- und Strichvogel. Ob das Paar, das ich beobachten konnte, immer dasselbe Nest bezog, habe ich nicht eindeutig feststellen können, es ist aber anzunehmen, denn während der Brutzeit sah ich es stets an denselben Zweigen, etwa sechs Meter über dem Boden. Das Nest ist eine Kugel mit einer Öffnung am oberen Rand, kaum größer als ein Flaschenhals. Goldhähnchen brüten zweimal im Jahr, Ende April und im Juni. Jeweils liegen neun bis elf Eier im Nest, erbsengroß. Einmalig in der Welt der Vögel ist dies: Die neun bis elf, manchmal auch zwölf Eier werden in zehn bis zwölf Tagen gelegt. Jedes Ei wiegt etwa 0,7 Gramm. Innerhalb dieses Zeitraums also legt das Goldhähnchenweibchen Eier in einem Gesamtgewicht von sechs bis sieben Gramm, was sein eigenes Gewicht um zwei Gramm, also um ein Viertel bis ein Drittel, übertrifft.

Naumann schreibt, daß diese Vögelchen für die

zweite Brut ein neues Nest bauen. Im selben Baum tun sie es nach meiner Beobachtung nicht, wie mir überhaupt aufgefallen ist, daß von den Singvögeln über die Meisen bis hin zu den Schwalben eine zweite Brut immer seltener hochgezogen wird. Aber das kann ortsbedingt sein.

Wintergoldhähnchen im winterlichen, schneebedeckten Wald zu sehen, wenn sie in kleinen Völkchen behende an Tannen- oder Fichtenzweigen hängen, gelbgrüne Kugeln, die dort ihr Futter suchen, Larven, Milben, die Eier von Insekten, gehört zu den Augenblicken, die man schwer beschreiben, vielleicht nur malen kann, wie Chinesen und Japaner Stimmungen auf grobes Papier tuschen. Noch ehe man die Goldhähnchen sieht, hört man sie. Ein leises Sisisisi…, das sie einander zurufen, denn sie sind nie allein, sondern stets in Gesellschaft, oft mit Meisen zusammen. Heinrich Seidel hat das so ausgedrückt: »An dem Goldhähnchen ist alles niedlich und nett, auch sein fein geschnitzter Gesang, den man nur in nächster Nähe vernehmen kann. Ich habe einmal ein kleines Spinnrad aus Elfenbein gesehen, das unter einer Glasglocke, nicht größer als ein Fingerhut, Platz hatte – so zierlich muß man sich den Gesang des Goldhähnchens vorstellen.«

Das Sommergoldhähnchen ist von April bis Oktober bei uns zu Gast. Es ist weitaus seltener als das Wintergoldhähnchen. Doch für beide gilt, was Naumann schreibt: »Sie vertilgen sehr viel schädliche Insekten, werden dadurch den Wald- und den Gartenbäumen

sehr wohltätig. Nachteiliges weiß man ihnen nicht nachzusagen.«
Angemerkt werden muß, daß die Schädlingsbekämpfung im Wald und Garten mit Schadstoffen jeder Art auch die Goldhähnchen bedroht, zumal sie weniger robust sind als die Meisen. Vielleicht stehen auch sie bald auf der Liste der Vögel, die man immer seltener sieht – und eines Tages dann gar nicht mehr.

Der Kleiber
Durchaus pfiffig

Baumhackel heißt er in Österreich, Nußpicker nennt man ihn, auch Spechtmeise, und noch unter mehr als zwei Dutzend Namen ist er im deutschen Sprachraum bekannt, der Kleiber. Ein hurtiger Vogel, dessen Lebensgewohnheiten denen der Spechte ähneln, während sein Gefieder und seine Bewegungen an Meisen, vor allem an Kohl- und Blaumeisen erinnern.
Der Kleiber ist etwa so groß wie ein Sperling, also größer als Meisen. Er hat einen langen, etwas gebogenen, spitzen Schnabel, der aussieht wie eine Schuster-

ahle. Vom Kopf über den Rücken bis zum auffallend kurzen Schwanz hin ist das Federkleid stahlblau, während die Unterseite gelblich bis schmutzig-weiß gefärbt ist. In Mittel- und Nordeuropa gibt es nur eine Art, wobei die Färbung der Unterseite um so mehr vom Gelblichen ins Weiß übergeht, je weiter nördlich man sie antrifft. Allen gemein ist ein schwarzer Augenstreif.

Es ist ein schöner und eigentlich nicht verwechselbarer Vogel. Heinrich Seidel schreibt: »Der Kleiber lebt auf sehr großem Fuße, denn die Spannweite seiner Zehen mit den sehr langen, nadelscharfen Krallen beträgt ungefähr ein Drittel der Körperlänge.« Diese Füße machen es möglich, daß der Kleiber nicht nur wie ein Specht an den Bäumen nach oben klettert, er klettert auch kopfüber nach unten und braucht dazu nicht, wie der Specht, die Schwanzfedern als Stütze. Kein anderer Vogel macht ihm das nach, auch der Baumläufer nicht.

Im Wald – es muß Mischwald sein, reine Fichtenplantagen meidet der Kleiber, und es sollte Unterholz geben – ist er überall anzutreffen. In baumbestandenen Gärten und im nicht allzu kleinen Park ist er ebenfalls zu Hause. Sein Nest baut er in Astlöchern, in Spechthöhlen, in Star- und Meisenkästen. Seine Höhle macht er einbruchsicher. So wie Schwalben aus Lehm, Sand und Speichel ihre Nester bauen, verklebt auch er mit denselben »Bauelementen« das Einflugloch; die Wand, die er mauert, ist dicker und fester als ein Schwalbennest. Selbst Hammerschlägen hält sie stand. Das Flugloch ist so klein, daß gerade er sich durchzwängen kann. Mancher Specht, der seine Nisthöhle so vermauert sieht, resigniert und schlägt sich eine neue. Obwohl Spechtmeise genannt, bringt der Kleiber die Zimmermannsarbeit des Spechts nicht zuwege.

In der Nisthöhle brütet das Weibchen sechs bis neun Eier aus, in der Regel im Mai. Das Brutgeschäft dauert zwei Wochen. Die Jungen werden mit Larven, Insekten, Käfern und Raupen gefüttert, mit dem, was das Kleiberpärchen an Bäumen, Blättern und hinter der Baumrinde, die es abschlägt, findet.

Der Kleiber ist ein geselliger Vogel, doch nicht unter seinesgleichen. Es muß schon ein sehr kalter Winter sein, wenn man mehr als zwei zur gleichen Zeit am Futterhaus zu sehen bekommt. Naumann, dessen Sorgfalt in der Beschreibung des Aussehens und des Verhaltens der Vögel auch nach mehr als 100 Jahren noch stichhaltig ist, schreibt, daß er niemals mehr als vier Kleiber zugleich gesehen habe. Im Herbst ist der Kleiber, der Stand- und Strichvogel ist, oft in Völkchen zu sehen, zu denen Meisen, Goldhähnchen und oft ein oder zwei Buntspechte gehören. Solche Gemeinschaften sind, wenn das Angebot an Nahrung reichlich ist, dann tagelang am Waldrand oder in einem größeren Garten zu beobachten.

Wenn die Tage kürzer werden, stellt sich der Kleiber (sein Name leitet sich ab vom Verkleben, Verkleiben seiner Nisthöhle) auf Pflanzenkost um, auf Bucheckern, Fichtensamen, Eicheln und Nüsse, notfalls auch

Getreidekörner. Selbst die harte Schale einer Haselnuß, die er in eine Astgabel klemmt, zertrümmert er mit seinem spitzen Schnabel.
Die Nähe des Menschen scheut der Kleiber nicht. Wenn andere Vögel – Meisen und Amseln ausgenommen – sich dem Futterhaus vorsichtig nähern, so schießt der Kleiber wie eine Rakete darauf zu. Alle seine Bewegungen sind eckig und dennoch elegant. Und daß er, kranke Exemplare ausgenommen, nie zur Beute des Sperbers wird, beweist, daß er ein wacher Vogel ist.
In einem kalten Winter flog mir, über Tage hin, ein Kleiber auf die Hand, um mit einer entkernten Nuß davonzufliegen. Das Spiel wiederholte sich in einer halben Stunde mehrmals. Daß er auch ein pfiffiger Vogel ist, hat ein englischer Ornithologe in einem Film gezeigt. In ein Plastikröhrchen hatte er Sonnenblumenkerne gefüllt. Das Röhrchen war angebohrt, und in den übereinanderliegenden Löchern steckte jeweils ein Zündholz. Sollte der Sonnenblumenkern in die Futterschale fallen, mußte der Vogel die Hölzchen herausziehen. Von allen Vögeln am Futterhaus hatte allein der Kleiber erkannt, wie er an die Nahrung kommen könne. Und das innerhalb einer Stunde. Er zog die Hölzchen heraus, und mit den Kernen flog er davon.
Der Berliner Ornithologe Heinroth hat beobachtet, daß sich andere Vögel, auch kleinere, die Fähigkeit des Kleibers, Sonnenblumenkerne zu spalten, zunutze machten und ihm die freigelegten Kerne vom Schna-

bel wegnahmen. Der eifrige Hämmerer, so Heinroth, ließ sich das gefallen und wurde durch Schaden nicht klug, was nicht für seine Lernfähigkeit spreche. – Aussage gegen Aussage oder Beobachtung gegen Beobachtung. Doch weshalb sollte es unter Kleibern keine Unterschiede im Charakter geben, wie es unter den Menschen ja auch gutmütige und böse, gescheite und dumme gibt?

Häufig war der Kleiber in Deutschland nie und nirgends, doch es gab ihn überall. Bis vor drei Jahren auch noch brütend im Garten meines Nachbarn. Hin und wieder sieht man noch einen, hört ihn auch im Walde, wenn er an den Stämmen klettert. Er wirkt robust – hoffentlich ist er es, denn ein Wald, ein großer Garten ohne Kleiber, das wäre, als gäbe es am Feldrand nirgends mehr blühenden Mohn und die blauen Kornblumen, so blau wie die Federn des Kleibers.

Die Heckenbraunelle

Heimlich, still und leise

Spatzen, stets zu mehreren, machen lärmend auf sich aufmerksam, ob am Rande einer Straße oder eines Weges, ob im Dorfe oder in der Stadt, ob unterm Dach, wo sie ihre liederlichen Nester gebaut haben, oder wo auch immer. Die Heckenbraunelle, bei flüchtigem Hinsehen mit dem Spatz zu verwechseln, ist ein stummer Vogel. Selten, daß man ein Pärchen sieht; allein huscht die Heckenbraunelle durchs dichte Gebüsch, hält sich in Hecken auf; im Winter ist sie auch an Futterplätzen zu sehen, doch niemals im Futterhaus. Zu anderen Vögeln, zu Spatzen, Finken, Meisen und Dompfaff, hält sie Distanz, so, als wäre sie ein Gast oder ein Fremder, der sich zurückhält und mit den Einheimischen keinen Streit haben will. Doch es ist ein liebenswürdiges Vögelchen.

Heckenbraunellen sind auch heute noch weit verbreitet, wenn auch nicht häufig; aber die meisten Menschen nehmen sie nicht wahr, wissen nichts von ihrer Existenz. Naumann schrieb, was noch heute gilt: »Dieser Vogel ist überall bekannt, ob man ihn gleich nirgends herdenweise sieht.« Früher war die Braunelle überwiegend Waldvogel, doch heimisch ist sie nur in Wäldern mit dichtem Unterholz und Gestrüpp, Holzplantagen meidet sie.

Die Heckenbraunelle, auch Bleikehlchen genannt, ist weder ein Sperling noch ein Fink, obwohl Merkmale die Zuordnung zur einen wie zur anderen Art nahelegen. Sie ist etwas kleiner als der Feldsperling, vor allem schlanker, um 16 Gramm schwer, mit einem Pfriemenschnabel. Das Gefieder der Braunelle ist schwarzbraun bis rostbraun, während Hals und Brust schieferfarbig sind, die Flügel sind gelblich-braun gesäumt mit kaum erkennbaren weißen Spitzen. Unscheinbar, eher düster ist das Federkleid.

Die Meinungen der Ornithologen über die Herkunft des Namens – in manchen Gegenden heißt dieser Vogel zutreffend auch Zaunschlüpfer – gehen auseinander. Braunelle, so meinen die einen, sei eine Anspielung auf »prunelle«, den Schlehdorn, in dem er sich oft aufhält, andere führen den Namen auf »brunette«,

braun, zurück. Aus dem Mittelalter sind in Deutschland die Namen »Praunelle und Zimelschelle« überliefert, also ein Hinweis darauf, daß die Namensgebung vom bräunlichen Gefieder abgeleitet ist.
Schöner als der schlichtgefärbte Vogel, so heißt es in einer Beschreibung aus dem vorigen Jahrhundert, verfaßt von einem Lehrer (damals waren Dorfschullehrer und protestantische Pfarrer die Säulen der Ornithologie), sei das Nest der Heckenbraunelle: kleine Reiser, Stengelchen, grünes und rotes Moos, das Ganze zu einem zierlichen Napf verflochten, in dem auf rotem Untergrund schon im April vier bis sechs grünblaue Eier liegen.
Ich kann das bestätigen, denn in einer Berberitzenhecke meines Gartens, die an einem Ende von Fichtenzweigen überdeckt ist, nisteten viele Jahre lang Heckenbraunellen. Jedes Jahr bauten sie sich ein neues Nest, und noch heute sind fünf »Ruinen« der einstigen Nester erhalten. Seit vier Jahren nisten sie nicht mehr dort, doch ein Pärchen, wo immer es in der Nähe einen besseren Nistplatz gefunden hat, hat mir die Treue gehalten. In der Regel brüten sie zweimal im Jahr, ich habe allerdings immer nur eine Brut im April/Mai feststellen können. Von Juni bis September waren »meine Braunellen« verschwunden, erst dann sah ich sie wieder – nicht gewiß, ob es auch wirklich meine waren.
Bei Naumann heißt es: »Es ist ein harmloser, stiller, ungeselliger und die Einsamkeit liebender Vogel. Sein stilles, aber immer tätiges Leben, vereint mit den dü-

steren Farben seines Gefieders, macht ihn wenig bemerklich, nur das singende Männchen macht hiervon eine Ausnahme.« So ist es. In der Morgendämmerung ist das helle, nicht sehr einfallsreiche, aber liebliche Zwitschern mit hellen Tönen keine Melodie, eher ein Versuch.

Die Heckenbraunelle ist ein Zugvogel, doch in Westdeutschland, vor allem in der Rheingegend, überwintern viele. Während sie im Sommer/Frühjahr sich und ihre Jungen mit Insekten und Raupen ernähren, werden sie in der kalten Jahreszeit, sofern sie hierbleiben, zu Samen- und Hirsefressern. Emsig lesen sie Sämereien vom Erdboden auf – niemals habe ich eine Heckenbraunelle im Zweig eines Baumes sitzen sehen.

Die Heckenbraunelle hat eine Verwandte, die kein Zugvogel ist und im Gebirge lebt, den Alpenfluevogel, die Alpenbraunelle. Gebirgswanderer in der Schweiz können ihr begegnen, sie ist etwas größer als die Heckenbraunelle, das Gefieder ist heller, rötlicher gefärbt. Auch in den deutschen Alpen ist sie anzutreffen, wenn auch selten.

Beide Braunellen stehen nicht auf der roten Liste, in der die Vögel registriert werden, deren Bestand gefährdet oder bedroht ist. »Herdenweise« waren sie nie anzutreffen, was befürchten läßt, daß ihr Verschwinden erst dann bemerkt wird, wenn wirklich nur noch Mäuse durch Hecken und Zäune schlüpfen, denn auch für die Heckenbraunelle sind in unserer gepflegten und kultivierten Landschaft die Plätze rar geworden, wo sie ihr schönes Nest bauen kann.

Die Rotschwänze

Verträumt im Laub

Ob Vögel auch träumen? Wissenschaftlich exakt wird diese Frage wohl nie zu beantworten sein. Ich allerdings bin sicher, träumende Rotschwänze gesehen zu haben, es waren Gartenrotschwänze, ein Männchen und zwei Jungvögel. An einem heißen Nachmittag saßen sie im dichten Laub einer Buche, rötlich gefärbte Federbälle mit schwarzer Kehle und weißer Stirn, bei den Jungen alle Farben etwas blasser. Länger als eine Stunde saßen sie fast unbeweglich in den Zweigen. Von Gartenrotschwänzen ist bekannt, daß gerade sie

zum Gesang angeregt werden, wenn die Luft gewitterschwül ist. Es war schwül, doch das Gewitter entlud sich auf der anderen Seite des Flusses.
In Deutschland sind zwei Rotschwänze heimisch, der Gartenrotschwanz, auch Gartenrötel genannt und – neben gut zwei Dutzend anderen Trivialnamen – in manchen Gegenden auch Höhlennachtigall, und der Hausrotschwanz. Beide Arten sind anmutige Vögel, auffallend auch im Verhalten. Der Gartenrotschwanz ist eine Spur kleiner als der Hausrotschwanz, der um ein Gramm schwerer wiegt und es auf 15 Gramm bringt. Der Gartenrotschwanz, jedenfalls das Männchen, wird wegen der rötlichen Brust oft mit dem Rotkehlchen verwechselt. Der Hausrotschwanz ist aschgrau bis schwarz mit weißen Flügelkanten. Beiden Rotschwänzen gemeinsam ist der rostrote, wippende Schwanz. Jungvögel und Weibchen der beiden Arten auseinanderzuhalten, erfordert mehr als ein flüchtiges Hinsehen.
In der Ornithologie ist der Hausrotschwanz ein Felsenbrüter und der Gartenrotschwanz ein Baumbrüter, der als Nistplatz die Löcher in den Kopfweiden bevorzugt. Beides ist unbestritten. Doch auch Vögel passen sich an. Am Haus und in meinem Garten habe ich sowohl brütende Haus- als auch Gartenrotschwänze beobachten können, allerdings niemals beide Arten im selben Jahr. Häufiger ist der Hausrotschwanz. Er scheut die Nähe des Menschen nicht, ist eher neugierig, sitzt knicksend und schwanzwippend auf Fensterbänken und beobachtet, wie es scheint, interessiert,

was im Hause vorgeht. Sein erstes Nest baute er in einer unverputzten Mauernische. Jahre später baute er sein Nest aus Moos, dürren Halmen und Gräsern, mit Haaren ausgepolstert, auf den Sparren eines überhängenden Daches und so, daß es vom Lehnstuhl im Zimmer aus gut zu beobachten war.

Ende April lagen in dem Katzen und anderen Tieren, auch der Elster, nicht zugänglichen Nest sechs schneeweiße Eier. Nach 16 Tagen schlüpften die Jungen; mit Fliegen, Insekten, Larven und kleinen Raupen wurden sie gefüttert. Wiederum nach gut zwei Wochen waren die Jungen flügge, doch nicht alle sechs, sondern nur vier. Zwei waren schon nach wenigen Tagen aus dem Nest gefallen und, noch federlos, verendet. Es soll auch zweite und sogar dritte Bruten geben. Ich habe sie nicht beobachten können, das Nest auf dem Dachsparren blieb im Sommer leer.

Der Hausrotschwanz ist zum ersten Male von einem Mann namens Gmelin im Jahre 1789 in Gibraltar beschrieben worden. Der lateinische Name des Vogels lautet: *Phoenicurus ochruros gibraltariensis*. Unzweifelhaft ist der Hausrotschwanz allein im Gebirge, wo auch heute noch seine Nester bis in 3000 Meter Höhe anzutreffen sind, und in felsigen Gegenden heimisch gewesen. Doch er folgte dem Menschen, von Süden sich nach Norden ausbreitend, und nistet heute in Gemäuern jeglicher Art, im Flachland allerdings seltener als in bergigen Gegenden. So war er in den dreißiger Jahren dieses Jahrhunderts in Ostpreußen noch recht selten.

Das Nest des Gartenrotschwanzes habe ich nicht ausmachen können. Vermutlich war es auf dem Nachbargrundstück in einem der alten, löcherigen Obstbäume: Es unterscheidet sich kaum von dem des Hausrotschwanzes. Doch sind die Eier, meist auch eines mehr als beim Hausrotschwanz, nicht weiß, sondern grünlich blau und rot gefleckt. Auch der Gesang der beiden Vögel ist von jeweils anderer Art. Beim Hausrotschwanz ist es ein Quetschen. Es scheint, als mache es ihm Mühe, sich zu artikulieren. Der Gartenrotschwanz hingegen gehört zu den begabten Sängern, und sein Gesang, variierte Strophen, die mit denen der Laubsänger verwechselt werden können, erklingt von der blassesten Dämmerung am Morgen bis in den späten Abend. Aber dieser aparte, anmutige Vogel ist außerordentlich streitsüchtig. Seinesgleichen duldet er nicht in seinem Revier.

Auch gegenüber seinem Vetter, dem Hausrotschwanz, und dem Rotkehlchen ist er ungeduldig. Heinroth meint, daß nur gefühlsduselige Menschen diesem Vogel das Diminutiv Rotschwänzchen anhängen konnten, denn beim Rotschwanz handele es sich um einen sehr selbstbewußten Vogel. Als er im vorigen Jahrhundert in Volieren gehalten wurde, will man beobachtet haben, daß er Finken, Ammern und andere Kleinvögel zu Tode hackte. Sicherlich eine Legende, wie auch die, daß der Hausrotschwanz vom Hause, nistet er denn an demselben, das Feuer fernhalte. In einigen Landschaften ist der Spruch gerade umgekehrt: Da bringt er das Feuer ins Haus, und in den Ställen geben die Kühe rote Milch.

Beide Rotschwänze sind Zugvögel. Sie ziehen ins mittlere Afrika, nicht in Schwärmen. In milden Wintern sind im Südwesten Deutschlands Hausrotschwänze zu sehen. Aber das ist die Ausnahme. Und der Gartenrotschwanz ist schon auf der roten Liste der Vögel zu finden, deren Bestand gefährdet ist.

Der Hänfling

Zimtbraun, Karminrot

In vielen Gegenden einst so häufig wie der Spatz, gehört er zu jenen, die sich rar machen, die unbemerkt verschwinden. Seine Vettern, die Buch- und Grünfinken, sind noch allerorts anzutreffen; er, auch ein Finkenvogel, hingegen ist nur noch selten zu hören, wenngleich sein Lied einfallsreicher ist als das seiner Verwandten, die nur ein paar Töne anschlagen können, doch keine Melodie zustande bringen. Die Rede ist vom Hänfling, vom Bluthänfling, auch Rubin oder Rotblattl genannt, und mehr als ein Dutzend weiterer

Trivialnamen wären hinzuzufügen. Hänfling, schon im späten Mittelalter so benannt, ist abgeleitet von seiner Lieblingsnahrung, Hanf- und Leinsamen, und so heißt er in Frankreich denn auch Linotte und im Russischen Konopljanka.
Der Hänfling ist in 75 Arten über den Erdball verbreitet, nur in Australien gibt es ihn nicht. In Deutschland ist allein der Bluthänfling zu Hause, in harten Wintern allerdings ist auch der etwas kleinere und nicht so farbenprächtige nordische Berghänfling als Strichvogel anzutreffen. Vor allem an seinem gelben Schnabel ist er zu erkennen. Die Daten des Bluthänflings: 12 bis 13$^1/_2$ Zentimeter lang, wobei der Schwanz etwa fünf Zentimeter mißt. Die Flügelspanne liegt bei 24 Zentimetern. Gewicht 18 Gramm. Das Federkleid ist bunt, doch überwiegend zimtbraun und aschgrau, gelblich mit weißer Unterseite, der Scheitel karminrot, die Brust unterschiedlich rot, die Schwanzdecken schließlich haben weiße Kanten. Doch diese Beschreibung ist unvollständig, nicht nur daß das Weibchen in den Farben blasser ist, auch die Männchen verändern das Gefieder, vor allem bei den älteren Männchen verwandelt sich die blaßrote Brust, ohne daß sie mausern, also Federn lassen, je höher die Sonne steigt, in ein immer stärkeres Rot. Naumann beschreibt es so: »Im Laufe des Frühlings wird der männliche Vogel immer schöner, bis im Juni und Juli die Farbe seines Gefieders aufs höchste gesteigert ist, und dann gehört er unter die einheimischen Prachtvögel.«
Wegen dieser Verfärbungen des Vogels war unter Or-

nithologen lange Zeit umstritten, ob es in unseren Breitengraden nur eine Art der Hänflinge gäbe oder vielleicht doch mehrere. Unumstritten ist, daß der Hänfling einst in allen Gegenden Deutschlands, dichter Wald und das Hochgebirge ausgenommen, heimisch war. Das ist auch heute noch so, doch er ist nicht mehr so häufig. Daß im späten Herbst Hänflingsschwärme, nach Hunderten zu zählen, auf Feldern und am Dorfrand gesehen wurden, ist eine Erinnerung vergangener Tage – oder gar, wie Naumann schreibt, daß er im Umkreis von 1000 Schritt mehr als 100 Nester gefunden habe. Flurbereinigung und Chemie, gepflegte Gärten statt Natur sind das Kündigungsschreiben für ein Hänflingspärchen, das einen Platz für sein Nest nahe dem Erdboden sucht und nahebei die Möglichkeit haben muß, »Kindernahrung« einzusammeln. Hänflinge nisten in Hecken, in dichtem Gebüsch, in Taxus und niederem Fichtengestrüpp; das dichtgeflochtene Nest ist selten höher als zwei Meter über dem Erdboden und in der Nähe muß es das geben, was als Unkraut gilt, was früher an Feldrändern wuchs: Wegerich, Löwenzahn, Knöterich, Disteln usw. Die Samen dieser Pflanzen verfüttern die alten Vögel, im Kropf aufgeweicht, an die junge Brut.

Das Nest wird von beiden Vögeln gebaut. Die vier bis sechs bläulich-weißen Eier brütet das Weibchen aus, doch sind auch brütende Männchen beobachtet worden. Nach zwei Wochen schlüpfen die Jungen, und nach wieder zwei Wochen sind sie flügge. Es kommt

zu bis zu drei Bruten im Jahr, im April/Mai, im Juni und auch noch im August. Eine dritte Brut ist sicherlich die Ausnahme. Vor einigen Jahren entdeckte ich in meinem Garten, in dem Geflecht ineinandergewachsener Fichten ein Hänflingnest, knapp einen halben Meter über dem Boden. Herumstreunenden Katzen entging es, doch zwei oder drei Tage vor dem Flüggewerden der Jungen, es waren vier, plünderten Elstern das Nest. Ich kam hinzu, doch es war zu spät, die toten Jungvögel hingen in den Zweigen. Die Elstern hatten die Beute nicht mehr verschlingen können. Zu einer zweiten Brut kam es nicht. Die Alten blieben dem Revier treu, und schon am frühen Morgen sang das Männchen sein einfältiges, aber liebliches Lied. Von allen Körnerfressern ist der Hänfling sicherlich der begabteste Sänger. Und immer war auch das Weibchen in der Nähe. Was Naumann vor mehr als 150 Jahren beobachtete, bestätigte sich auch jetzt. »Die Pärchen trennen sich das ganze Jahr nicht; wo einer der Gatten sitzt, ist gewiß der andere auch nicht weit, wo einer hinfliegt, folgt auch der andere, sie teilen Freud und Leid miteinander...«
Hänflinge sind Strichvögel; manche trotzen auch dem härtesten Winter, in der Mehrzahl aber weichen sie der Kälte und ziehen nach Südwesten. Bei einem Experiment vor dem Kriege wurden in Magdeburg 160 Bluthänflinge gleichzeitig beringt; von diesen Vögeln wurden im Winter beiderseits der Pyrenäen viele wieder eingefangen; vom südlichen Ufer des Mittelmeeres kamen keine Meldungen.

Im vorigen Jahrhundert war der Bluthänfling der »Kanarienvogel« des kleinen Mannes. Er war leicht zu fangen und blieb auch im Käfig ein liebenswürdiges Vögelchen, und wenn ein echter »Kanarien« mit im Käfig saß, ahmte er dessen Gesang nach. Nur sein Gefieder verlor an Farbe, das leuchtende Rot verwandelte sich in stumpfes Grau.
In meinem Garten gibt es seit Jahren keinen Hänfling mehr. Auch in den Büschen am Waldrand ist er nur noch selten zu sehen. Ans Futterhaus kommt er nicht. Und so ist sein zärtlicher Gesang zu einer Melodie von gestern geworden, und zu befürchten ist, daß er nicht nur meinen Garten verlassen hat.

Die Meise

Ein zänkischer Vogel

Nach Brehm gibt es unter den Meisen 115 Arten. In Deutschland sind acht Arten heimisch, doch nur fünf von ihnen sind verbreitet, das heißt, vielerorts anzutreffen. Die häufigste und zugleich größte ist die schwarzgelbe Kohlmeise. Sie ist 12 bis 14 Zentimeter lang, der Schwanz mit sechs Zentimetern mitgerechnet, und hat eine Flügelspanne von etwa 20 bis 22 Zentimetern. Sie ist behende, unrastig, flink, streitsüchtig. Sie scheut die Nähe des Menschen nicht, nistet, wenn sich denn nichts anderes bietet, in Briefkästen

und ist bis ins Zentrum der Großstädte vorgedrungen. In der kalten Jahreszeit gibt es kein Futterhaus, das sie nicht erspäht.
Das Zänkische hat die Kohlmeise mit ihrer kleineren Verwandten, der Blaumeise, gemein. Doch niemals über die Jahre hin habe ich Meisen am Futterhaus oder sonstwo ernsthaft miteinander kämpfen sehen. Gelegentlich jagen sie einander, aber das tun Finken und Amseln auch. Häufig hängen an einem Meisenknödel mehrere Kohl- und Blaumeisen zugleich, Fett und Samen herauspickend, ohne daß sich der eine um den anderen kümmert. Blaumeisen sind die Standhaftesten: Während alle anderen Vögel, voran die Spatzen und die Spechte, bei dem geringsten Geräusch davonstieben, bleibt die Blaumeise ungerührt am Futterhaus. Erst wenn man sie mit der Hand greifen könnte, fliegt sie davon; wach und flink ist der nur sieben bis acht Gramm wiegende Vogel.
Der Kohlmeise wird nachgesagt, daß sie »mordlustig« sei. Es heißt, sie falle andere, kleinere Vögel, aber auch Finken und Artgenossen an, töte sie mit Schnabelhieben auf den Kopf, denn das Gehirn anderer Vögel sei ihre Lieblingsspeise. Das steht im »Brehm«, und auch Naumann berichtet davon. Viele haben es abgeschrieben, aber gesehen hat es keiner. Eine Legende also, eher schon eine üble Nachrede. Die englische Ornithologin Len Howard, die sich über viele Jahre mit der Kohlmeise beschäftigt hat, glaubt zu wissen, daß diese Verleumdung dem Viscount Grey of Fallodon zuzuschreiben ist, der beobachtet haben

will, daß eine Kohlmeise einem Sperling den Schädel aufgehackt und das Gehirn gefressen habe. Ich weiß nicht, wann der Viscount lebte, doch wenn es zutrifft, was er schrieb, dann muß es sich um eine kriminelle englische Kohlmeise gehandelt haben.

Kohlmeisen und Blaumeisen sind in ihrem Bestand nicht gefährdet. In strengen Wintern überleben heute wegen der Vogelfütterung vermutlich mehr als früher. Es kommt also zu Verdrängungserscheinungen. Sogenannte Meisenzüge gibt es auch heute noch. Meisen, die ihre Quartiere wechseln, oft über viele hundert Kilometer. Mir ist aufgefallen, daß Kohlmeisen, die in nicht geringer Zahl auch in härtesten Wintern in ihrem Quartier bleiben, nachts nicht in den Nistkästen zu finden sind; sie übernachten in den leeren Schwalbennestern.

Außer Kohl- und Blaumeise sind, wenn auch in geringerer Zahl, an meinem Futterhaus auch Tannenmeise, Haubenmeise und Weidenmeise zu beobachten. Und sie sind alle zugleich da. Nicht ganz sicher bin ich mir allerdings, ob es nicht statt der Weidenmeise die Sumpf- oder Nonnenmeise ist. Diese weißgrauen Vögelchen mit schwarzer Haube, bei der einen Art glänzender als bei der anderen, sind schwer voneinander zu unterscheiden.

Für den Laien ist es auch schwierig, die Tannenmeise von der Kohlmeise zu unterscheiden. Die Tannenmeise ist kleiner und hat auf dem schwarzen Kopf einen weißen Fleck, einen Scheitel fast. Sie hält sich überwiegend am Boden auf, während die Haubenmeise mit anderen am Knödel schaukelt. Im Sommer ist sie wie die Tannenmeise im Fichtenwald zu Hause und schwer zu entdecken.

Kaum noch anzutreffen sind Bart- und Beutelmeisen. Die Bartmeise nistet im Röhricht, an versumpften Ufern, doch wo gibt es die noch? Ich hatte bisher nicht das Glück, eine Bart- oder eine Beutelmeise zu sehen. Wohl aber habe ich vor vielen Jahren in einem Weidengebüsch, nahe einem kleinen Gewässer bei Bad Segeberg, ein Beutelmeisennest, das wohl kunstvollste Bauwerk eines Vogels in unseren Breitengraden, gefunden. Es war verlassen, und einquartiert hatte sich eine Haselmaus. Nicht auszuschließen, daß sie die Brut gefressen hat. Naumann berichtet, die Nester der Beutelmeise seien im vorigen Jahrhundert in Rußland gesammelt und auf den Dörfern den Kleinkindern als Filzschuhe angezogen worden.

Ein Ornithologe des vorigen Jahrhunderts hat errechnet, daß eine Meisenfamilie am Tag 7000 Insekteneier vertilgt, Larven, Fliegen und Raupen nicht mitgezählt. Er schrieb: »Ein einziges Meisenpärchen verrichtet mit seiner doppelten Brut weit größere Arbeit als eine ganze Abteilung von Waldarbeitern, es räumt unter den Waldverwüstern weit gründlicher auf, denn es weiß sie ja auch in ihren verborgensten Schlupfwinkeln zu finden... und es würde den Untergang des Waldes bedeuten, wenn einmal die Insektenfresser, die Meisen voran, von der Erde verschwinden sollten, denn dann würde das Ungeziefer sich so entsetzlich vermehren, daß es den Wald buchstäblich auffräße, und alle Hilfsmittel des Menschen würden dagegen nichts ausrichten.«

Mit dem Schlagwort: »Schützt den deutschen Wald« hat der Mensch den Meisen die Arbeit abzunehmen versucht. Genützt hat es, wie wir heute wissen, dem Wald nicht.

Der Fliegenschnäpper

Ständig auf der Jagd

Fliegenfänger, das waren einmal kleine, runde Papprollen; mit einer Reißzwecke drückte man sie an die Stubendecke, dann entfernte man den unteren Deckel und zog ein mit Leim beschmiertes, süßlich duftendes, gelbes Band heraus. Fliegen, die auf den Leim krochen oder das Band im Fluge berührten, blieben daran kleben und starben. Mitsamt den Tante-Emma-Läden ist auch diese Art des Fliegenfängers zur Rarität geworden.

So selten wie der Fliegenfänger, der von der Stubendecke baumelt, ist auch der Fliegenfänger draußen im Garten, in Obstplantagen und an den Waldrändern geworden. Sein richtiger Name ist Fliegenschnäpper. Es ist ein kleiner, unscheinbarer Vogel, den es weltweit in mehr als 2000 Arten geben soll. In Deutschland sind drei davon zu Hause, vorwiegend der graue Fliegenschnäpper. Daneben gibt es noch den Trauerfliegenschnäpper und den Zwergfliegenschnäpper.

Den grauen Fliegenschnäpper beschreibt der Ornithologe Naumann so: »Dieser Vogel, dessen unansehnlich gefärbtes Gefieder nichts hat, wodurch es einen angenehmen Eindruck auf den Beschauer machen könnte, hat unter den einheimischen Arten dieser Gattung den längsten und breitesten Schnabel und die kleinsten Füße…«

Na und? – ist man da versucht zu sagen. In einer Schönheitskonkurrenz hätte der Fliegenschnäpper sicherlich wenig Chancen, und seine kleinen Füße braucht er nicht, um zu wandern; er hält sich damit sehr sicher auf Zweigen, Mauervorsprüngen und Zäunen. Und so sitzend, ständig mit den Flügeln rukkend, schießt er blitzschnell davon, schlägt Haken wie ein Raubvogel und fängt eben Fliegen und was sonst an Insekten herumfliegt. Er ist ein behendes Vögelchen, ständig auf der Jagd.

Drei Meter von einem Fenster meines Hauses entfernt ist etwa zweieinhalb Meter über dem Erdboden in einer Blautanne ein schlampiges Nest. Darauf sitzt ein graubraunes Vögelchen. Zunächst hielt ich es für eine Dorngrasmücke, doch dazu paßte der Nistplatz nicht, wenngleich auch Grasmücken gelegentlich in Fichtenhecken nisten. Ich wollte den Brutvorgang nicht stören und beobachtete nur ganz gelegentlich. Nach drei Tagen wußte ich: Der graue Fliegenschnäpper hatte dort sein Nest gebaut – und gut zwei Wochen später, als die Jungen fast flügge waren, konnte es keinen Zweifel mehr geben. Wegen meiner anfänglichen Unsicherheit zitiere ich noch einmal Brehm: »...bei den Fliegenfängern zeigt sich die ganze, fast hoffnungslose Schwierigkeit der Singvogelsystematik, ...man meinte, Merkmale gefunden zu haben, die diese Familie von den sonst sehr ähnlichen Grasmücken scheiden sollten. Aber mehr und mehr hat sich herausgestellt, daß beide Familien allzu viele und allzu innige Übergänge verknüpfen.«

Noch bis zur Mitte dieses Jahrhunderts war der graue Fliegenschnäpper weit verbreitet; nicht nur in Dörfern, in Gärten und Parkanlagen war er zu beobachten, sondern auch in den Städten. So wurden 1966 im Hamburger Stadtgebiet noch 300 Paare gezählt. Er scheut die Nähe des Menschen nicht, obwohl er eher furchtsam und schreckhaft ist. Aber weil es heute schon Kuhställe ohne Fliegen gibt, ist auch für ihn das Nahrungsangebot knapper geworden.

Alle Fliegenschnäpper sind Singvögel, doch, so meint Kleinschmidt, es sei wohl so, daß dem grauen Fliegenschnäpper, weil er ständig auf vorbeifliegende Insekten achten müsse, nicht die Zeit bliebe, ein Sänger zu werden. Dagegen ist das Lied des Trauerfliegenschnäppers, der sein Nest bevorzugt in lichten Wäldern baut, melodisch. Es ist ein braunschwarz, auf der Unterseite weiß gefiederter Vogel, kleiner als der »Grauschnäpper«, den zu entdecken und zu beobachten einer gewissen Kenntnis und Erfahrung bedarf. Der Zwergfliegenschnäpper, einem kleinen Rotkehlchen vergleichbar, ist nur in Süddeutschland und in den früheren Ostprovinzen gesehen worden. Doch niemals war er häufig. Alle Fliegenschnäpper sind Zugvögel. Ende April, Anfang Mai treffen sie ein, und im September beginnt der Flug nach Süden, der viele von ihnen bis in die Kapprovinz führt. Ein Vogel, der 17 bis 19 Gramm wiegt, wie der graue Fliegenschnäpper, macht sich auf eine 12000 Kilometer lange Reise. Da auch Fliegenschnäpper, wie Schwalben, stets an ihren Nistort zurückkehren, bin ich gespannt, welche Botschaft sie mir im nächsten April mitbringen.

Der Kernbeißer

Kirschen knacken

Nur Dompfaffen sind öfter an die große Fensterscheibe meines Hauses zum Garten hin geflogen als der Kernbeißer: etwa ein halbes Dutzend dieser schönen Vögel. Und da der Kernbeißer fast so groß ist wie ein Star, hört es sich jedesmal an, als schmettere irgendwer einen Tennisball gegen die Scheibe. Aufkleber mit den Konturen von Greifvögeln nutzen nichts. Auch vor dem Eingang eines in einem Park gelegenen Sitzungssaals eines Funkhauses, einem gläsernen Oktogon, fand ich einmal einen betäubten Kernbeißer.

Ich nahm ihn auf, doch noch ehe ich ihn meinen Kollegen zeigen konnte, flog er mit einem hellen Schrei davon. Von den etwa 20 Kollegen wußte ohnehin nur einer, daß es einen Vogel namens Kernbeißer gibt.

Im Volksmund heißt der Kernbeißer auch Finkenkönig. Zweifellos ist er der größte und schönste der Finkenvögel. In Holland nennt man ihn Appelvink, was merkwürdig ist, denn in Apfelbäumen sieht man ihn nie, jedenfalls nicht zu der Zeit, wenn die Äpfel reifen. Seine Lieblingsfrucht ist die Kirsche, vor allem die Sauerkirsche, deren reifes Fleisch sich leicht entfernen läßt. Er mag nicht etwa, wie die Stare, das süße Kirschenfleisch, sondern den Kern der Kirsche. Deshalb wird er auch Kirschkernbeißer genannt. Landleuten, wenn sie denn Kirschgärten haben, ist der Vogel verhaßt, denn ein »Kernbeißer-Trupp«, sechs bis acht Vögel, kann in zwei bis drei Tagen die Ernte arg reduzieren.

Heinroth hat einen wissenschaftlich-kuriosen Einwand. Er meint, die Bezeichnung »Kirschkernbeißer« sei unsinnig, denn die Kirsche sei kein Kern-, sondern Steinobst. Der Vogel beiße also nicht den Kern, sondern den Stein auf und fresse den bitteren Kern. Exakt, doch wer unter seinem Schattenmorellenbaum die Hälfte der Früchte als roten Brei findet, wird kaum bereit sein, für diesen Vogel einen Namen zu finden, der ihm eher entspricht. Der Kirschkernbeißer ist nicht gerade ein Vogel, der sich versteckt. Im Winter kommt er ziemlich ungeniert ans Futterhaus, auch zu mehreren. Sobald die Bäume belaubt sind, ist es schwer, ihn zu entdecken. Fast immer hält er sich in den Wipfeln auf, und durch Gesang macht er sich nicht bemerkbar – das ist eher ein Knirren und Schirpen, ein herbes Schickern, wie: »Zick-Zick«.

Naumann nennt ihn einen schlauen Vogel, so plump er auch aussehen mag. Am Boden, wo seine Plumpheit besonders auffällig wird, ist er höchst selten anzutreffen, nur wenn die Nahrung knapp wird und er nach den Samen von Buchen, Erlen und Ahorn, aber auch nach Fichten- und Kiefernsamen sucht. Im Frühjahr ernährt er sich überwiegend von Insekten.

Der Finkenkönig ist etwa starengroß, er wiegt um die 50 Gramm, ist etwa 17 Zentimeter lang, seine Flügelspanne mißt um 30 Zentimeter. Er hat einen kurzen Schwanz und einen zwei Zentimeter großen, dicken Schnabel, der es ihm ermöglicht, auch die härtesten Kerne zu knacken. Sein Gefieder ist prächtig. Gelbbraun der Kopf, die Nackenfedern blaßgrau, die Kehle ist schwarz und die Unterseite weiß, der Körper sonst, von den Schultern sich verfärbend, über grau bis braungelb. Die Flügel wiederum von weiß über gelb, braun und grau bis hin zu schwarz. Eine Besonderheit ist der Schnabel, der sich auch bei alten Vögeln im Jahresrhythmus von perlmuttfarben ins Dunkelblaue verfärbt.

Zu Hause ist er im Laubwald, an Waldrändern, in Parks und in Gärten, wenn es dort Bäume in genügender Zahl gibt. Sein Nest, aus Reisig, Moos und Haaren locker geflochten, baut er in Laubbäumen, meist in großer Höhe. Es gibt nur eine Brut im Jahr, drei bis fünf Eier, sie sind, was bei diesem großen Vogel erstaunt, kaum größer als die der Sperlinge. Nach etwa zwei Wochen schlüpfen die Jungen und werden, wie Naumann schreibt: »... von den Alten sehr geliebt, verlassen das Nest bald, und werden von den Alten noch lange geführt, denn es währt lange, ehe sie selbst Kirschkerne knacken lernen«.

Der Kirschkernbeißer ist der einzige seiner Art, der in Europa vorkommt. Er ist nicht standorttreu, er ist ein Strichvogel, doch in Deutschland ist er überall anzutreffen, wenngleich niemals häufig.

Im Sommer, wenn der Kernbeißer Kirschen knackt, wird seine Brut großgezogen und mit den Kernen gefüttert. Zwischen der Plünderung von Kirschbäumen und der neuen Brut liegen acht bis zehn Monate – und drei Viertel des Jahres ernährt sich der Kirschkernbeißer von den Samen der Bäume, die in der Regel nicht chemisch behandelt werden. Einstmals gehörte er übrigens zu den großen Vertilgern von Maikäfern. Doch auf die Maikäfer ist kein Verlaß mehr, jedenfalls nicht bundesweit.

Der Kernbeißer ist ein robuster Vogel, nicht nur wegen seines Aussehens. Es besteht begründete Aussicht, daß er uns erhalten bleibt, denn wem es gelingt, in der längsten Zeit des Jahres nicht auf sich aufmerksam zu machen, der vergrößert seine Chance zu überleben. Und wenn es um die Kirschen geht, dann verhält sich der Kernbeißer »europafreundlich«, denn es ist das Überangebot an Obst, das zu schaffen macht.

Der Gimpel

Ein Pfaff mit Pfiff

Er hat mehr als zwei Dutzend Namen: Gimpel, Domherr, Rotfink, Bollenbeißer... Als Dompfaff ist er in die Operette eingegangen. In etwa 20 Arten gibt es ihn in der ganzen Welt, doch im größten Teil Europas kommt nur eine Art vor, der Dompfaff, wie wir ihn kennen.

So zählt denn der Dompfaff, gut finkengroß, zu den schönsten Vögeln, die es in Deutschland gibt; doch so auffällig sein Äußeres, so unaufdringlich ist er in seinem Wesen. Naumann beschreibt ihn so: »Das alte

Männchen ist ein herrlicher Vogel. Eine tiefschwarze, oben ins Stahlblaue glänzende Kappe bedeckt den ganzen Oberkopf... an dieses samtartige Schwarz schließt sich ein herrliches Rot, das, bald eine bleichere, bald eine gesättigtere Zinnoberfarbe, die ganze Unterseite des Vogels bis an den weißen Bauch einnimmt; die unteren Schwanzfedern und der Bürzel sind rein weiß...« und so weiter. Beim Weibchen sind die Farben nicht ganz so kontrastreich, doch es ist nicht weniger hübsch. Noch einmal Naumann: »Die älteren Weibchen sehen in ihrer Art immer schöner aus als die jüngeren...« Etwas, was zweifellos nicht auf alle Lebewesen zutrifft. Eine weitere Besonderheit, jedenfalls in der Vogelwelt: Der Dompfaff lebt in Einehe. Es kommt vor, daß Männchen in einem Revier, in dem die Zahl der Weibchen überwiegt, auch ein zweites Weibchen begatten. Doch das ist die Ausnahme. Der Ornithologe Jürgen Nicolai berichtet, daß ein Gimpelpärchen, welches den Winter über getrennt worden war, wobei man das Männchen in eine Voliere mit anderen Gimpeln gesetzt hatte und dieses sich im Frühjahr auch schon mit einem neuen Weibchen gepaart hatte, dasselbe sofort verließ, als sein »Vorjahresweibchen« in den Käfig gelassen wurde. Fortan waren sie wieder ein Paar.

Ein Dompfaff-Pärchen hatte im dichten Ginster genistet, kein sehr kunstvolles Nest übrigens, die Jungen waren längst flügge, als ich eines Tages im Garten einen flugunfähigen Gimpel fand, ein älteres Männchen. Ein Flügel war verletzt. Ich nahm den Vogel mit

ins Haus, setzte ihn in einen Korb, fütterte und behandelte ihn. Nach einer Woche konnte er noch immer nicht fliegen. Ich kaufte ein Vogelbauer und richtete ein Winterquartier für ihn ein. Sehr bald wurde er zutraulich, und wenn ich das Bauer öffnete, erkundete er mehr flatternd als fliegend, was erreichbar war. Er gehörte zu den badefreudigen Vögeln, und man mußte achtgeben, daß er sich nicht in die mit heißem Wasser und Spülmitteln gefüllten Becken in der Küche stürzte. Verließ man den Raum, in dem sein Bauer stand, ließ man ihn also allein, war sein klagender Ruf noch eine Stunde lang zu hören, ehe er verstummte.
Ich habe nicht versucht, ihm Lieder beizubringen. In den ärmeren Gegenden Deutschlands haben noch in diesem Jahrhundert Vogelfänger dem zutraulichen und gelehrigen Vogel Melodien eingeübt. Bei Naumann heißt es: »Mit Recht kann man darüber klagen, daß die meisten Gimpel von Leuten (in Thüringen von Leinewebern, Schustern und anderen sitzenden Handwerkern) abgerichtet werden, welche weder Geschmack noch Kenntnisse in der Musik besitzen, um ihnen etwas Besseres als alte Gassenhauer oder andere geistlose Weisen vorpfeifen zu können.«
Der Handel mit Dompfaffen brachte ein paar Taler in die Kasse der armen Leute, die Vögel wurden auf den Märkten bis hin nach London angeboten. Vor genau einhundert Jahren erschien in Wien ein Buch, in dem die Beschreibung des Dompfaffen so beginnt: »Im fernen Westen von Nordamerika, tief in der Wildnis und weitab von jeder Civilisation, haben sich Deutsche

versammelt. Vor ihnen steht ein Vögelchen aus der alten Heimat, ein Dompfaff, dessen eingelernte Lieder ›Was ist des Deutschen Vaterland‹ und ›Ein Sträußchen am Hute‹ oder ›Wohlauf, noch getrunken den funkelnden Wein‹ Erinnerungen wecken, die ihnen Tränen in die Augen locken…«

Der Dompfaff zählt nicht zu den bedrohten Arten, selbst seine Arglosigkeit brachte ihn nicht in Gefahr. Der Volksmund nennt einen tumben Menschen einen Gimpel, einen einfältigen. Sein Namensgeber ist alles anders als einfältig. Er ist nicht zänkisch, lebt im Herbst in kleinen Gemeinschaften, und wenn einer aus dieser Gruppe zu Tode gekommen ist, kehren die anderen an den Platz zurück, an dem der Genosse verschwand, und rufen klagend nach ihm.

Meinem Dompfaff gab ich im März die Chance davonzufliegen. Er nutzte sie. Doch ehe er verschwand, wiegte er sich im Wipfel einer Birke. Wir flöteten noch einmal einander zu, und ich denke, daß im Winter nun seine Enkel und Urenkel am Futterhaus vor meinem Fenster zu Gast sind.

Der Sperling

Stadtstreicher

Wer Vögel beobachten will, muß hinaus ins Freie gehen, Exkursionen machen und die günstigste Zeit dafür ist die allererste Morgenstunde, da ist man noch frei von des Tages Last, den Fesseln des Berufs, und um sieben oder acht Uhr kann man schon wieder zurück sein. So die Empfehlung in einem Vogelbuch aus dem Jahre 1917. Der Rat gilt auch heute noch, doch wer Spatzen beobachten will, kann ihn vergessen, er kann getrost des Mittags in die Stadt und seinen Geschäften nachgehen, die schilpenden »Stadtstreicher«

sind überall und zu jeder Stunde anzutreffen, solange es hell ist.

Der richtige Name des Spatzen ist Sperling. In Deutschland gibt es zwei Arten, den Haus- und den Feldsperling. In vielen Dörfern sind beide Arten anzutreffen, doch sind sie für den Laien schwer zu unterscheiden. Der Haussperling wiegt etwas mehr als 30 Gramm, das Weibchen ist schlanker und kleiner und weniger schön gezeichnet als das Männchen, das einen schwarzen Latz und einen dunklen Augenstrich hat. Das Gefieder ist grau-braun, oft gestrichelt mit einem weißen Fleck auf den Schwungfedern. Der Feldsperling ist etwas kleiner als sein städtischer Vetter, beide Geschlechter sind gleich gefärbt, sie haben einen schwarzen Backenfleck, und am Kopf und Nacken geht das Federkleid ins Rötliche über. Der Hausspatz baut sein Nest in Mauernischen, in Höhlen, Nistkästen, auch in Schwalbennestern, es ist eine Anhäufung von Fasern, trockenen Halmen, Federn und mancherlei Abfällen und sieht recht schlampig aus. Auch der Feldsperling baut sein Nest in Höhlen und Nistkästen, aber er schmückt es mit bunten Fäden und mit Blumen. Es sind schon Nester gefunden worden an deren Rand welke Hortensien hingen. Doch ob geschmückt oder nicht, das Sperlingsnest ist von April bis zum Spätsommer Kinderstube, denn in der Regel gibt es drei Bruten, und jeweils liegen vier bis sechs Eier im Nest.

Das Weibchen brütet und nach zwei Wochen schlüpfen die Jungen, die dann noch gut zwei Wochen im

Nest bleiben. Schon während dieser Zeit geht oft die Hälfte der Brut verloren, offenbar drängen die stärkeren ihre schwächeren Geschwister aus dem Nest und dies schon in den ersten Tagen, wenn die Vögel noch nackt sind.

Sperlinge sind Allesfresser, nehmen am liebsten aber Samen und die noch nicht ausgereiften Getreidekörner. Aus diesem Grunde war der Sperling den Bauern so verhaßt wie die Feldmaus, er war eine Plage; daß er aber auch Insekten vertilgte, Schädlinge an den Pflanzen, nahm man nicht zur Kenntnis. Wie anpassungsfähig der Spatz ist, kann man an warmen Tagen in den Städten beobachten, wenn er vom Kühlergitter der parkenden Autos die toten Mücken, Fliegen und sonstiges Getier abpickt.

Der Name des Sperlings, der ein schlechter Flieger ist und am Boden hüpft und nicht läuft, kommt aus dem Mittelhochdeutschen, wo »spar« soviel heißt wie zappeln. Vor allem in der Balzzeit ist dies Zappeln zu beobachten, wenn die Männchen Brust an Brust sich ineinander verkrallen und dann zu Boden stürzen, zappelnd. Der Sperling, oft in Völkchen zusammenlebend, ist ein immer wacher Vogel, der vor allem auf Geräusche reagiert. Wenn im Haus eine Tür zuschlägt, fliegt die Spatzenschar vom 20 Meter entfernten Futterhaus sofort weg, während Dompfaff und Finken ungerührt weiter fressen. Das schließt nicht aus, daß er dort, wo ihm keine Gefahr droht, zutraulich, ja zudringlich wird, in Biergärten etwa und überall dort, wo es Brot- und Kuchenkrümel gibt. Auf einer Terrasse an der Donau habe ich beobachtet, daß junge Hausspatzen von den Weibchen noch dann angeleitet werden, wenn sie schon größer sind als die Mutter. Die Weibchen nahmen Brotkrümel aus der Hand, die Männchen waren scheuer und achteten auf Distanz.

Der Sperling hat viele Feinde, vor allem dem Sperber und dem Habicht ist er Beutevogel. Doch so verfolgt der Sperling auch war und ist – es gab Zeiten, da konnten die Dorfkinder einen Groschen verdienen, wenn sie hundert tote Spatzen zusammenbrachten –, er hat sich, immer in der Nähe des Menschen, die Welt erobert. Erst in der Mitte des vorigen Jahrhunderts brachten Auswanderer die ersten Sperlinge nach Amerika, heute ist er dort so häufig wie in der alten Welt. Und der »Proletarier« unter den Vögeln nistet in einer Mauernische des Prominenten-Hotels »Plaza« in New York.

Auch älter als die Bibel ist der Spatz. Wenn es in Matthäus zehn, Vers elf heißt: »Kauft man nicht zwei Sperlinge um einen Pfennig...«, so hat der römische Dichter Catull schon ein halbes Jahrhundert vor Christi eine Totenklage um Lesbias Sperling geschrieben. Und in Grimms Märchen, bei Dostojewski, Fontane und vielen anderen hat der Spatz einen festen Platz. Anton Tschechow schreibt: »Es gibt schreckliche Nächte mit Donner und Blitz, die im Volksmund Sperlingsnächte genannt werden.« Am Rande Moskaus gibt es die Sperlingshügel, auch bei Tolstoi erwähnt; vor rund 70 Jahren wurden sie umbenannt in

Leninhügel. Hier ist der Sperling enteignet worden, doch seiner weltweiten Popularität hat das keinen Abbruch getan. Und noch immer weiß alle Welt wer gemeint ist, wenn man sagt: »Der Spatz von Paris.« – Für den, der sich die Zeit nimmt, einer Spatzensippe zuzuschauen, ist es kein Geheimnis, weshalb für die Menschen das Wort »Spatz« ein Kosewort ist.

In Feld, Wald und Wiese

Der Wiedehopf

Abwehr mit Gestank

Es werden nicht viele Menschen sein, die in den letzten zehn Jahren in Deutschland einen Wiedehopf zu Gesicht bekommen haben. Und die Mehrzahl jener Deutschen, die den Wiedehopf auf Formentera, einer anderen südlichen Insel oder Provinz gesehen haben, werden ihn für einen exotischen Vogel gehalten haben. In meiner Erinnerung reicht die Begegnung mit den Wiedehopfen in die Kinderzeit zurück. Ich sah den Vogel zur Zeit der Baumblüte in den weiten Obstgärten von Werder. Baumblüte in Werder, das war für

Berliner der Beginn des Frühlings. Und der Wiedehopf war so bunt wie das Blütenmeer an den Ufern der Havel.

In den Obstplantagen braucht man heute keine Leiter mehr, das Spalierobst ist mannshoch. Knorrige alte Apfel- oder Birnbäume, auf blumenbunten Wiesen wachsend, mit morschen Ästen und Astlöchern, die für Blauracke, Wendehals und Wiedehopf Bruthöhlen sind, sind selten geworden. Und deshalb gehört auch der Wiedehopf zu den selten gewordenen Vögeln bei uns. In Baden-Württemberg schätzt man die Zahl der Wiedehopfpaare auf etwa 20.

Der Wiedehopf ist der einzige Vogel seiner Art in Europa und in weiten Teilen Asiens bis hinauf nach Sibirien. Er hat einen drosselgroßen Körper, doch wegen seines prächtigen und aufgebauschten Gefieders wirkt er größer. Schultern und Flügel sind schwarzgelblich und weiß gestreift, der Schwanz schwarz mit weißen Bändern, der Kopf und der Hals bis zu den Schultern gelb, bei den Weibchen etwas stumpfer. Imposant ist der Kopfschmuck; es ist ein lehmgelber Federbusch, schwarz-weiß gerändert. Der Wiedehopf ist knapp 30 Zentimeter lang, hat eine Flügelspanne von etwa 45 Zentimetern und die Federn des gefächerten Kopfschmucks erreichen eine Länge von fünf Zentimetern. Das Weibchen, dessen Gefieder dem des Männchens gleicht, ist etwas kleiner, so daß auch geübte Ornithologen den Unterschied der Geschlechter meist nur während der Brutzeit ausmachen können, denn allein das Weibchen sitzt auf dem Nest und brütet.

Der Wiedehopf ist ein Zugvogel. Ende März kommt er aus West- und Nordafrika sowie aus den Nilländern zu uns; in der Regel in kleinen Trupps und stets zwei Wochen vor dem Kuckuck, weshalb einer seiner vielen Trivialnamen »Kuckucksküster« ist. Feldgehölze, buschreiche Ebenen, große Obstgärten, sofern in der Nähe dichte Hecken stehen oder ein Wald die Grenze bildet, sind sein Revier. Er nistet in Baumhöhlen, in Mauerlöchern, in verfallenen Hütten, die am Feldrand stehen, nimmt aber auch Nisthöhlen an, wenn sie nur geräumig genug sind, etwa 25 mal 25 Zentimeter. Nistmaterial, also Halme, Haare, Federn und dergleichen, trägt der Vogel nicht herbei. Auf einer schütteren Unterlage legt das Weibchen vier bis sechs für die Größe des Vogels relativ kleine Eier, die in zwei Wochen ausgebrütet werden. Nach etwa vier Wochen, das ist fast immer gegen Ende Mai, sind die Jungen flügge. Sie werden ausschließlich mit Larven, Käfern, Raupen und Maden gefüttert.

Mit seinem langen gebogenen Schnabel stochert der Wiedehopf an Feldrändern und auf Wiesen nach Larven und Engerlingen, er steckt ihn aber auch in Kuhfladen und überall da hin, wo er unter Mist und Kot auf Maden und Gewürm rechnen kann. Seine Beute muß er in die Luft werfen und so auffangen, daß er sie der Länge nach hinunterwürgen kann. Sieht man einen Wiedehopf bei der Nahrungssuche – ich hatte das Glück vor vielen Jahren auf einem Ödgelände nahe der Oder –, scheint es, als verbeuge er sich ständig. Er tut das natürlich nur, wenn er fündig geworden ist.

Die Ägypter verehrten den Wiedehopf. Abbildungen des Vogels sind in Gräbern zu finden, die mehr als 3000 Jahre vor Christi Geburt angelegt wurden. Aristoteles erwähnt ihn, und in »Die Vögel« von Aristophanes hat er eine Rolle. Fast allen Völkern der Alten Welt ist er Symbolfigur, teils im guten, teils im schlechten Sinne. Was ist der Grund? – Ist es das bizarre Kleid des Vogels oder ist es mit dem auch heute noch gebräuchlichen Vorwurf zu erklären: »Er stinkt wie ein Wiedehopf.«?

Der Wiedehopf stinkt nicht. Auch die Jungvögel nicht, wenn sie flügge sind. Weil der Vogel den Kot der Brut nicht entfernt, herrscht in und in der Nähe der Nisthöhle ein oft unerträglicher Gestank. Der Schweizer Ornithologe Friedrich Stirnemann hat aufgrund langjähriger Untersuchungen nachgewiesen, daß der Kot der Brut, je nach Nahrung, anders stinkt, oft bestialisch, wenn die Nahrung überwiegend oder gar ausschließlich aus Maulwurfsgrillen besteht. Auch wenn die Jungvögel nach etwa zehn Tagen den Kot nicht mehr in der Höhle ausscheiden, sondern ihn, indem sie das Einflugloch gewissermaßen als Klo benutzen, herausfallen lassen, bleibt der Gestank, der sich, wenn die Nisthöhle durch Regenwasser feucht wird, sogar noch verstärkt. Überdies sondern die Jungvögel, wenn sie zehn Tage alt sind und sich bedroht fühlen, ein stark riechendes Sekret ab. Zweifellos ist es so, daß der von den Vögeln gewollte Gestank Feinde abschrecken soll. Und in der Tat ist nicht bekannt, daß Katzen, Elstern oder andere Nesträuber, denen eben

geschlüpfte Vögel eine Delikatesse sind, jemals eine Wiedehopfhöhle geplündert haben.
Scheu und furchtsam ist der Wiedehopf. Jedes Geräusch, jeder unerwartete Schatten, und sei es die plötzlich über ihn dahinschießende Schwalbe, schrekken ihn. Im Zickzack fliegend, ähnlich wie ein Häher, doch gewandter, flüchtet er in die nächste Deckung. Um so erstaunlicher ist, daß junge Wiedehopfe, die von Menschen großgezogen wurden, sehr zutraulich werden, doch sie bleiben immer auf eine Person fixiert und nur auf sie.
Seinen Namen verdankt der Wiedehopf, wie der Kukkuck, seinem Ruf »HupHupp-hupp«. Das Hup wurde zum Kopf, und Witu ist das althochdeutsche Wort für Wald, Holz, Gehölz. Im September verläßt uns der Wiedehopf, um in Afrika zu überwintern, doch es scheint, als wolle er uns für immer verlassen. Auf der roten Liste steht er seit langem, und in einigen Gegenden ist er ausgestorben. Die chemisch gutgedüngten Äcker und Wiesen, auf denen Engerlinge und Käfer nicht mehr zu finden sind, und Felder und Weiden ohne Busch und Baum in der Nähe lassen dem scheuen Vogel keine Chance.

Der Eichelhäher

Polizist des Waldes

Sein schäckernder, aufgeregter Schrei hat ihm den Ruf verschafft, der Polizist des Waldes zu sein. Für Spaziergänger, vor allem jene, die überzeugt sind, umweltbewußt zu sein, und das ist eine Gemeinde, die wächst, gilt der Eichelhäher als ein nützlicher Vogel, weil er alle anderen Tiere im Walde vor Gefahren warnt und sie zur Vorsicht anhält. Den Jägern ist er deshalb lästig, denn sein Lärmen hat sie bei Bock und Schwarzwild um so manchen »Blattschuß« gebracht. Für Naumann gilt er als einer der schönsten Vögel in unseren Breiten. Das ist er auch, unbestritten. Seine bunten Federn stecken sich die Jäger an ihre Hüte – denn geschossen wird er noch immer. Nur weil er im Walde lärmt, wenn er einen Menschen sieht – oder weshalb sonst? Wie steht es mit dem Schaden, den er anrichtet, und wo stiftet er Nutzen? – Zum bejagbaren Wild gehört er jedenfalls nicht.

Der Eichelhäher, gut 30 Zentimeter lang und mit einer Flügelspanne von einem halben Meter, ist in Abweichungen überall in Asien und Europa anzutreffen, Steppen und Wüsten ausgenommen. Vermutlich hat er, als es in Europa noch große Eichenwälder gab, vor allem dort sein Quartier genommen; heute bevorzugt er Mischwälder, Waldränder, nistet auch in Parklandschaften und selbst in Gärten mit alten Bäumen. Er ist auch ein stadtnaher Vogel geworden. Das wenig kunstvolle, obwohl gut ausgepolsterte Nest baut er sowohl in Laubbäumen als auch in Nadelhölzern, meist nahe am Stamm und in der Regel drei bis fünf Meter über dem Boden. Schon Anfang April sind fünf bis sieben Eier im Nest.

Mein erster Eichelhäher war ein toter Eichelhäher. Einer meiner Onkel, ein Jäger, hatte ihn geschossen, präparieren lassen und mir zu meinem zwölften Geburtstag geschenkt. Fortan blickte der Vogel, auf einer Konsole hockend, mir mit seinen bernsteingelben Augen über die Schulter, wenn ich mich mit den Schularbeiten abmühte. Damals wußte ich nicht, daß der Eichelhäher auch Nußbeißer, Baumkatzel oder Holzschreier genannt wird; Baumkatzel wohl deshalb, weil er auch die Laute anderer Tiere nachahmen kann.

Der bunte Eichelhäher ist ein Jahreszeitenvogel. Im Frühjahr, wenn er brütet und die Jungen großzieht, ist er ein »Heimlichtuer«, man sieht ihn selten. Am lautesten ist er im Herbst, wenn er, auch die Nähe der Menschen nicht scheuend, doch immer vorsichtig und auf Abstand bedacht, in die Gärten kommt; wenn er Eicheln zusammenträgt und Haselnußbüsche plündert. Eicheln verschluckt er und weicht die Schale in seinem Kropf auf, dann würgt er sie wieder heraus und frißt den Kern. Viele Eicheln, Bucheckern und Nüsse versteckt er allerdings im Laub und in Moospolstern oder gräbt sie regelrecht ein, um sich so Vorratskammern anzulegen. Doch die meisten dieser Vorräte findet er nicht wieder – und so ist am Rande meines Gartens dichtes Unterholz entstanden: Eichen, Buchen, Haselsträucher.

Im Frühjahr und im Sommer ernährt er sich von Insekten, Käfern, Larven, Fröschen und Mäusen. Die schädliche Ringelraupe, die alle anderen Vögel verschmähen, ist seine Lieblingsspeise. Also ein nützlicher Vogel? Leider nicht nur. Der Eichelhäher ist neben der Elster ein großer Räuber, er plündert Nester der Singvögel, frißt Eier und die noch nicht flugfähige Brut. Legende allerdings ist, wie es schon den Kohlmeisen nachgesagt wird, daß er aus reiner Mordlust die Hirnschale der Kleinvögel zertrümmert und nur das Hirn frißt. Auf ebensolche Weise soll er, als es sie noch gab, mit Kreuzottern und anderen Schlangen verfahren sein. So ist es bei Naumann zu lesen, und Brehm hat es übernommen.

Der Eichelhäher ist ein Strichvogel. Im Herbst und Winter, manchmal schon im Spätsommer, rotten sich Gruppen zusammen, das können hundert Vögel und mehr sein, die lärmend auf sich aufmerksam machen. Vor einigen Jahren ist eine solche Eichelhäher-Invasion in den städtischen Anlagen von Frankfurt beobachtet worden, was für die Lokalpresse Anlaß war zu befürchten, daß nun für Meisen und Rotkehlchen, Kleiber und Amseln kein Futter mehr übrig bliebe. Eine grundlose Sorge. Vor 130 Jahren, im Oktober 1856, hat ein Ornithologe in der Nähe Frankfurts innerhalb einer Stunde mehr als 1000 Häher gezählt, die auf dem Zuge waren. Zu solch großen Gruppen schließen sich, wie Beobachtungen ergaben, eher die in Osteuropa und in Skandinavien beheimateten Vögel zusammen als ihre westeuropäischen Artgenossen.

In Europa hat der Eichelhäher zwei Verwandte, den Unglücks- oder Rotschwanzhäher, der allerdings nur im hohen Norden heimisch ist; Trondheim und Mittelfinnland sind etwa die südliche Grenze für ihn und den Tannenhäher. Auch er ein Vogel, der in dichten Nadelwäldern Skandinaviens und des nördlichen Rußlands brütet. Man hat ihn aber auch in Ostpreußen als Brutvogel gekannt. Brutvogel ist der Tannenhäher auch in den Wäldern der Alpen. In Jahren, in denen Zirbelkiefer und Nußbäume wenig Samen und Nüsse tragen, ist der Tannenhäher im Winter als

Durchzugsgast in allen Teilen Deutschlands zu beobachten, oft in Schwärmen zu Hunderten, ähnlich wie die Seidenschwänze. Nach meiner Beobachtung gab es in Westdeutschland Mitte der sechziger Jahre eine solche Tannenhäher-Invasion, wobei ich nicht zu sagen vermag, ob es sich um skandinavische Gäste oder um den dünnschnäbeligen Häher aus den Weiten Rußlands gehandelt hat. Das Kleid, dunkelbraun und weiß getupft, erinnert an den kleineren Star.

Der Eichelhäher gehört nicht zu den Vögeln, die in ihrem Bestand bedroht sind. Er ist robust und ein Allesfresser. Seine Feinde sind der Habicht, der Uhu und der Baummarder. Uhus in Deutschland sind fast an den Fingern einer Hand aufzuzählen. Und wo gibt es den Marder noch? Der Habicht wiederum ist, weil er ja auch Hasen schlägt, Junghasen vor allem, für viele Jäger noch immer »Raubzeug«. Gäbe es aber mehr Habichte, vergrößerte sich die »Blattschußchance für den Jäger«, denn dann wären im Wald weniger lärmende Eichelhäher, die das Wild vergrämen.

Naumann weiß noch zu berichten, daß das Fleisch der Eichelhäher in der Heidelbeerzeit besonders schmackhaft sei, doch man äße es nicht allenthalben. Und so bleibt es denn bei der blauschwarzen Feder am Hut.

Der Kuckuck

Zum Kuckuck

»Kuckuck, Kuckuck ruft's aus dem Wald…«, ein Lied, das auch heute noch gesungen wird, wenn auch seltener als früher, als es noch auf dem Lehrplan für Erstkläßler in den Schulen stand. Wer hätte den Kuk kucksruf nicht gehört, doch wer hat den Vogel je gesehen? Der Kuckuck, einst allgegenwärtig, wenn auch selten sichtbar, versteckt sich und ist mißtrauisch. Deshalb wohl und weil er obendrein kein Brutvogel ist, also weder ein Nest baut noch Junge großzieht, Ornithologen nennen das »Brutparasit«, hat er die

Phantasie der Menschen beflügelt. Auf Aristoteles geht die Legende zurück, daß der Kuckuck im Sommer ein Waldvogel, im Winter aber ein Raubvogel ist, ein Sperber. Seit Jahrhunderten auch ist es der Kuckuck, der mit seinem lauten, zweisilbigen Ruf dem Aberglauben der Menschen den Takt schlägt. Da muß man beim ersten Kuckucksruf, den man im Frühjahr hört, die Geldbörse schütteln, wenn man auch die nächsten zwölf Monate bei Kasse bleiben will; Jungfern können bei seinem Ruf erfahren, wie viele Jahre sie noch solche bleiben, die Alten wiederum, wie viele Jahre sie noch zu leben haben. Oder: Wer im Frühjahr den ersten Kuckucksruf hört, muß das Stück Erde, auf dem er gerade steht, ausgraben und mit in seine Stube nehmen, denn dann bleibt er ein Jahr lang von Flöhen und anderem Ungeziefer verschont. Deutsche Gerichte schließlich machten den Kuckuck zum Wappenvogel der Gläubiger und den Gerichtsvollzieher zu seinem Falkner.

Der Kuckuck ist ein schöner Vogel. Etwa amselgroß, wird er, wegen seiner breiten Flügel – bis zu 60 Zentimeter beträgt die Spanne – und wegen der Schwanzlänge, fast 40 Zentimeter, oft mit dem Sperber verwechselt, obwohl sein Flug weit weniger elegant ist. Die Palette der Farben reicht vom rotbraunen Jungvogel, auch manches Weibchen bleibt bräunlich, bis zum aschgrauen Altvogel. Der Kuckuck ist ein Zugvogel, und es ist nachgewiesen, daß er 20 Jahre und älter werden kann.

Gehört hatte auch ich ihn oft, in märkischen Wäldern,

aber gesehen habe ich ihn zum erstenmal an einem Waldrand nahe des Städtchens Autz in Lettland. Er rief nicht, flog im Fichtengehölz aufgeregt hin und her, verharrte dann auch, so daß er gut zu erkennen war. Ich stand hinter einem Holzstoß, und er hatte mich nicht wahrgenommen. Später sah ich ihn häufig, doch stets am Rande eines Waldes. Doch man muß Geduld haben und auf ihn warten.
Der Kuckuck ist ein Waldvogel, aber nicht nur, auch auf den Nordseeinseln ist er schon gehört und gesehen worden. Er ist auf »Gastwirte« angewiesen, das heißt, er braucht Reviere, in denen Rotkehlchen, Grasmücken, Stelzen, die Pieper, Lerchen, aber auch der Zaunkönig nisten, damit das Kuckucksweibchen in ihren Nestern sein Ei ablegen kann. Umstritten war lange, ob das Kuckucksweibchen sein Ei ins fremde Nest legt oder dorthin transportiert, denn man hatte Vögel mit Eiern im Schnabel gesehen. Sicher ist, daß das Weibchen das Ei stets in einem eben begonnenen Gelege, in dem drei oder vier Eier sind, etwa des Rotkehlchens, des Rotschwänzchens auch und der anderen genannten Kleinvögel legt, dann eines herausnimmt und es fortschleppt. Denkbar, doch nicht bewiesen, ist auch, daß das Kuckucksweibchen das eigene Ei in das Nest des Zaunkönigs trägt, auf das es sich nicht setzen kann, weil es eher eine Höhle ist. Wahrscheinlich ist auch, daß Kuckucksweibchen nur oder vorwiegend die Nester aufsuchen, in denen sie selbst groß geworden sind, denn das zur Größe des Kuckucks außergewöhnlich kleine Ei, es wiegt

nur drei Gramm, hat fast immer die Färbung der Eier des Gastvogels.

Jahrhundertelang galt der Kuckuck als dumm, vermutlich, weil er in Gefangenschaft schwer zu halten ist und keinerlei Lehre annimmt, also Erfahrung nicht in verändertes Verhalten umsetzt. Aber ist ein Vogel dumm, der sein Ei genau zu dem Zeitpunkt in das Nest der Gasteltern ablegt, so daß der junge Kuckuck exakt einen halben Tag vor der anderen Brut schlüpft? – Zumindest muß er sich im Verhalten der anderen Vögel auskennen und ein genauer Beobachter sein. In den ersten vier Tagen seines Lebens ist der junge Kukkuck noch blind, doch mit nichts anderem beschäftigt, als die noch im Nest liegenden Eier oder seine eben geschlüpften Mitbewohner über den Nestrand zu werfen, was ihm immer gelingt.

Der Ruf des Kuckucks ist nur so lange zu hören, wie die Paarungszeit dauert, von Mitte April an etwa zwei Monate. Der Kuckuck verteidigt sein Revier gegen Rivalen, doch die Weibchen, die nicht »kuckuck« rufen, sondern nur gickern, lassen sich auf eine Ehe nicht ein. Sie bringen es auf fünf und mehr Verhältnisse zur gleichen Zeit und produzieren etwa 15 Eier. Bei weitem nicht alle werden ausgebrütet, doch es kann vorkommen, daß in Gebieten, denn der Kuckuck ist standorttreu, die als Gastwirt gewählte Population Schaden nimmt, also der Bestand von Heckenbraunellen, Stelzen, Rotkehlchen usw. sich verringert, weil es der Kuckuck nicht mehr zur Aufzucht der eigenen Brut dieser Vögel kommen läßt.

Und schließlich: Der Kuckuck ist ein Sommervogel, aber ein nützlicher. Er ernährt sich fast ausschließlich von behaarten und teils giftigen Raupen, die von anderen Vögeln verschmäht werden. Schon wenige Wochen, nachdem sein Ruf verstummt ist, etwa Anfang August, zieht er in wärmere Gegenden, und er fliegt allein, nie in Gesellschaft, und vorwiegend des Nachts. Ein heimlicher Vogel – und bis heute hat er nicht alle Geheimnisse preisgegeben. Dafür hat er in der Literatur einen festen Platz. In einem der schönsten Gedichte in deutscher Sprache, bei Theodor Storm, heißt es: »Der Kuckuck lacht von ferne / es geht mir durch den Sinn / sie hat die goldnen Augen / der Waldeskönigin.«
Naumann schreibt: »Der Kuckuck hat brennend feuerfarbige Augensterne.« Wenn man ihn denn schon nicht sieht, ärmer sind wir, wenn auch sein Ruf seltener wird. Und das ist der Fall.

Der Specht

Ein selten lauter Vogel

Da es bei uns überall Bäume gibt, ist der Specht bei uns auch überall zu Hause – gewesen, muß man hinzufügen. Fünf Spechtarten sind es, grob gezählt, die an deutschen Bäumen hämmern und meißeln. Allen voran der Buntspecht, der gewissermaßen dreifach auftritt, als großer Buntspecht, als Mittelspecht und schließlich als Kleinspecht. Laien dürften den Kleinspecht für einen jungen, noch nicht ausgewachsenen Buntspecht halten. Hinzu kommen der Grünspecht und der Schwarzspecht.

Am häufigsten ist auch heute noch der große Buntspecht in Wäldern, in Parks und auch in Gärten anzutreffen. Er kommt im Winter ans Futterhaus, wenn es frei steht. Er ist scheu, schreckhaft und nähert sich nur zögernd dem am Futterhaus hängenden Meisenknödel. Stets klettert er von unten nach oben und niemals, wie etwa der Kleiber, auch kopfüber nach unten. Wenn nach unten, dann rückwärts, so wie ein Mensch die Leiter heruntersteigt.

Im letzten Winter hatte ich zum erstenmal bei zehn Grad minus und einer geschlossenen Schneedecke zugleich drei Buntspechte an meinem Futterhaus. Für die Hälfte eines Meisenknödels braucht ein Specht etwa zehn Minuten. Er klammert sich in das Netz, hackt sich Fett und Kerne heraus, doch immer wieder innehaltend und spähend, um beim geringsten Geräusch oder irgendwelcher Veränderung abzustreichen.

Der Mittelspecht ist in Deutschland selten; Kleinspechte habe ich bisher nur in Schweden gesehen, dort allerdings oft. Sie sind weit weniger scheu als unser Buntspecht.

Doch selbst wenn man den Specht nicht zu sehen bekommt, zu hören ist er im Frühjahr und im Sommer weithin. Einmal, wenn Buntspecht und Schwarzspecht im Frühjahr ihre Nisthöhlen in den Baum schlagen, dann aber auch bis in den Herbst hinein, wenn sie an den Stämmen nach Käfern und Larven suchen und sie hinter der Borke heraushacken.

In der kalten Jahreszeit sind auch die sogenannten

»Spechtschmieden« leicht auszumachen. Hinter einer Hecke in meinem Garten dient seit Jahren ein Holunderstrauch als Spechtschmiede. Es ist der Buntspecht, der in eine enge Astgabel, nur einen halben Meter über dem Boden, Tannenzapfen, Kiefernzapfen, aber auch Haselnüsse einklemmt, um dann die Samen herauszupicken, beziehungsweise die Nußschale zu zertrümmern, um an den Kern zu kommen.

Eine weitere Spezialität der Spechte: Wenn man im Wald an jungen Laubbäumen, aber auch an Fichten, Kiefern und Tannen rings um den Stamm so etwas wie Pockennarben sieht, dann ist es ein Specht gewesen, der diesen »Ringelbaum« auf dem Gewissen hat. Man nimmt an, daß er die Löcher in den jungen Stamm haut, um den Saft zu trinken, doch diese These ist umstritten, denn er »ringelt« so schnell, daß aus dem Stamm für ihn eigentlich noch gar kein Saft fließen kann.

An einem See in Norwegen, an dessen Uferstraße noch Telegrafenmasten aus Holz standen, erlebte ich einen Buntspecht, der mehrmals am Tage einen dieser Masten, der oben mit einer Blechplatte abgedeckt war, anflog und nicht etwa den Mast behämmerte, sondern immer die Blechplatte. Es ist der lauteste Specht gewesen, den ich je gehört habe. Wegen dieser Unart haben die Spechte schon vor mehr als 100 Jahren das deutsche Reichspostamt beschäftigt. In einem Erlaß vom 11. Dezember 1881 heißt es u. a.: »Zur möglichsten Verhütung der Beschädigungen empfiehlt es sich, vorhandene Astlöcher mit Holzpflöcken fest verschließen lassen. Hinsichtlich der Schraubenlöcher von Isolatorstützen ist in § 10 der Anweisung zur Ausführung der Linien-Instandsetzungsarbeiten hingewiesen ... um die Spechte an der Fortsetzung des Zerstörungswerkes zu behindern, sind die in die Stangen gehackten Löcher mit Steinkohlenteer gut auszustreichen.«

Doch weder die behördlichen Anweisungen noch das, was ein Ornithologe 1935 unter dem Titel »Der deutsche Wald und seine Vögel« schrieb, dürfte die Spechte in ihrem Verhalten nachdrücklich verändert haben. Damals schrieb man: »Der Rotspecht gehört zur Gruppe der die deutschen Reichsfarben tragenden Buntspechte ... den kein wahrer Naturfreund im deutschen Walde missen wolle ...« Schaden oder Nutzen? – »Die Spechte spielen durch ihre auf Verminderung der Insekten gerichtete Thätigkeit eine vorwiegend nützliche Rolle im Haushalte der Natur und müssen daher von Seiten des Forstmannes geschont und sogar gehegt werden.« – Soweit Naumann.

Der Buntspecht ist noch häufig anzutreffen. Den Grünspecht, dem früher nachgestellt wurde, weil Ameisen zu seiner Lieblingsspeise gehören und er im Wald Ameisenhaufen zerstörte, trifft man nur noch selten. Ganz selten geworden ist der größte und schönste Specht in Deutschland, der Schwarzspecht.

In »Das Jahr mit den Spechten« beschreibt Heinz Sielmann diesen Vogel – und ein paar Jahre später ist ein Fernsehfilm daraus geworden. Ob wir den Schwarzspecht nur noch im Film sehen werden, hängt nicht zuletzt davon ab, ob es in Deutschland in Zukunft noch einen richtigen Wald geben wird – und nicht nur Holzfabriken.

Die Bachstelze

Schrittmacher der Jogger

Die Bachstelze ist auch heute noch überall anzutreffen, nicht gerade am Rathausmarkt, doch es würde einen Ornithologen nicht verblüffen, sähe er sie an den Alsterarkaden entlangtrippeln. Ohne Scheu, stolz und kokett zugleich.

Es ist eine Unart, Tiere, also auch Vögel, sie aber wohl besonders, mit menschlichen Eigenschaften zu kennzeichnen. Das ist zweifellos unwissenschaftlich, doch solange die Charakterisierung noch einen erkennbaren Abstand zur Mickey Mouse und zu Donald Duck wahrt, ist Toleranz gefordert. Sie hat zahlreiche Verwandte. Und es ist noch nicht allzu lange her, da war sie, in Deutschland jedenfalls, die Nummer zwei unter den Stelzen. Naumann schreibt: »Sie, die weiße Bachstelze, scheint jedoch nirgends so zahlreich an Individuen zu sein wie die gelbe Bachstelze, dagegen aber überall in größerer Anzahl vorzukommen als die graue. Die gelbköpfige Bachstelze ist die Schafstelze, daneben gibt es aber noch die Gebirgsbachstelze, für einen Laien von der Schafstelze sicherlich nicht zu unterscheiden.« Nicht genug damit, Naumann nennt noch die Schwarzstelze, die gelbstirnige Schafstelze und noch ein Dutzend sogenannte Unterarten.

Die Weiße Bachstelze ist auch heute noch fast überall im Stadtgebiet von Hamburg anzutreffen, nicht zahlreich, aber, wie es in der Ornithologensprache heißt: gemein. Die Schafstelze hingegen ist fast nur in den Marschgebieten zu sehen und dort auch weit weniger häufig als die Weiße Bachstelze insgesamt. Vor 30 Jahren war auch die Gebirgsbachstelze, wenn auch in geringer Zahl schon damals, an der Oberalster, an der Bille und an Bächen in der Heide als Brutvogel heimisch.

In Norwegen und Schweden ist die Weiße Bachstelze, aber auch die Schwarze, die Trauerbachstelze, vielerorts häufiger als der Spatz. Bachstelzen suchen die Nähe menschlicher Siedlungen; sie sind nicht unbedingt auf Bäche oder Seen angewiesen. Doch wenn man bei Einbruch der Dämmerung über einen schwedischen See rudert, kann man es wispern hören im dichten Schilfkranz der Ufer. Im Schilf ist der Schlafplatz der Bachstelzen, oft kommen sie dort zu Hunderten zusammen.

Gelegentlich suchen sich die Bachstelzen aber auch weniger idyllische Schlafplätze. Im Mitteilungsblatt der Deutschen Ornithologischen Gesellschaft, Ausgabe Oktober 1934, wird berichtet: Im März 1923, also zur Zeit der Rückkehr aus den Winterquartieren, sammelten sich mit Beginn der Dämmerung auf dem Dach der Dienstwohnung des Reichsbahndirektionspräsidenten im Elberfeld etwa hundert Bachstelzen, um dann bei Einbruch der Dunkelheit in zwei große Rhododendronbüsche einzufallen. Und noch skurriler: Im August 1933 zählte man in den Grünanlagen vor dem Hauptbahnhof in Hannover 369 Bachstelzen, die dort unter hellen Straßenlaternen fast vier Wochen lang, ehe sie nach Süden weiterzogen, ihren Schlafplatz hatten. Nicht nur die Tatsache verblüfft, sondern auch die Genauigkeit, mit der Ornithologen damals zählten.

Gegen Ende März, Anfang April sind die ersten Bachstelzen auf den Wiesen im Alsterpark zu sehen. Zuweilen scheint es, als machten sie auf den Wegen den Schrittmacher der Jogger. Eilig trippelnd laufen sie vorweg, fliegen auch mal dicht über dem Boden zwei oder drei Meter weit, das Spiel wiederholt sich mehrmals, ehe sie sich mit einem Ruf, als schlüge man an eine Tischglocke, in die Luft werfen, um, keinen Steinwurf weit entfernt, im Gras nach Nahrung zu suchen: Insekten, Larven, Fliegen. Wie wäre es, wenn man am Ufer der Alster auch dem Schilf wieder eine größere Chance gäbe, um damit sichere Schlafplätze für die Bachstelzen zu schaffen? Die Wippsteerts, so ihr niederdeutscher Name, sind zwar nicht so gravitätisch wie die zwei Dutzend Höckerschwäne, die sich in den frostfreien Monaten auf der Alster schaukeln, doch possierlicher sind sie allemal, vom Nutzen ganz zu schweigen.

Falls es an der Oberalster noch Gebirgsbachstelzen geben sollte: Mit ein wenig Geduld ist der hübsche Vogel im späten Frühjahr schnell auszumachen. Er ist wenig scheu, und sein gelbes Kleid leuchtet in der Sonne. Und wer sich nicht sicher ist, ob er eine Gebirgsbachstelze oder eine Schafstelze vor sich hat, der sollte die Probe aufs Exempel machen: Wenn er nach einem Jahr das gelbe Vögelchen an derselben Stelle wiedertrifft, dann ist es eine Gebirgsbachstelze. Mir ist seit vier Jahren ein Gebirgsbachstelzenpärchen bekannt, ich treffe es in der Kurve einer Straße, die von Weißenkirchen an der Donau ins Waldviertel führt.

Der Wendehals

Total verdreht

Zur Frau oder zum Mann des Jahres wird, wer von sich reden machte, durch Leistung, wegen einer herausragenden Tat, weil man den anderen Menschen auffiel. Umgekehrt verhält es sich mit dem Titel »Vogel des Jahres«. Er setzt voraus, daß man verschwindet, nicht oder nur noch selten gesehen wird – und so ist 1988 der Wendehals Vogel des Jahres.

Vor einem halben Jahrhundert war der Wendehals in Deutschland noch ein weitverbreiteter Vogel. Zu Hause war er in fast ganz Europa, ausgenommen England, wo er nur im Süden der Insel brütete und auch das nicht sehr zahlreich. Neuerdings will man ihn in Schottland gesehen haben. Das legt die Frage nahe: Ist er auf der Flucht?

Obgleich er weder wie ein Specht aussieht, noch sich wie ein solcher verhält, gehört der Wendehals zur Familie der Spechte. Er baut keine Höhlen, sein Schnabel ist zum Holzhacken ungeeignet. Darum bezieht er gern die von seinen Vettern verlassenen Wohnungen. Er ist kleiner als die Spechte, läßt man den Kleinspecht außer acht, der in Deutschland äußerst selten ist. Der Wendehals wiegt knapp 40 Gramm, ist kleiner als eine Singdrossel und etwas größer als ein Spatz; Länge etwa 17 Zentimeter. Das Gefieder ist grau-braun gefleckt, die Unterseite heller. Er sieht dem größeren Ziegenmelker, der Nachtschwalbe, außerordentlich ähnlich, und wenn er sich, wie ein Specht, an die rissige Rinde eines alten Baumes klammert, ist die Tarnung vollkommen.

Als Zugvogel überwintert er südlich der Sahara und kehrt erst im späten Frühjahr zurück. Findet er seine Bruthöhle oder seinen angestammten Nistkasten besetzt, verjagt er die Okkupanten. Das Nest mitsamt den schon vorhandenen Eiern wirft er hinaus. Er selbst kommt ohne Nistmaterial aus. Im April/Mai legt das Weibchen bis zu zehn winzige Eier, die auch vom Männchen bebrütet werden. Die Brutdauer beträgt etwa zwei Wochen. Die Jungen werden mit Insekten, vorwiegend aber mit Ameiseneiern, die auch

die Lieblingsspeise der Eltern sind, gefüttert. Beide Geschlechter sind gleich groß und gleich gefiedert.
Bevorzugte Brutplätze des Wendehalses sind die Südseiten lichter Wälder mit alten Bäumen und Streuobstwiesen. Dort nistet der Vogel in den Astlöchern alter Obstbäume und eben auch in verlassenen Spechthöhlen. Obstwiesen rund um die Dörfer sind selten geworden. Spalierobstreihen sind für den Wendehals kein Angebot, und der Chemie-Einsatz auf Wiesen und Feldern hat auch die Ameisen und Blattläuse reduziert und damit das Nahrungsangebot.
Naumann rückt den Wendehals in die Nähe des Wiedehopfs, weil auch dieser Vogel, wie er meinte, den Kot der Jungvögel nicht entferne, so daß die Nisthöhle einen bestialischen Gestank verbreite. Das hat sich als üble Nachrede und als Irrtum eines Alt-Ornithologen erwiesen. Wenn die jungen Wendehälse die Höhle verlassen haben, ist sie oft sauberer, als die Eltern sie beim Einzug vorgefunden haben.
In Norddeutschland habe ich den Wendehals nie gesehen, weder in den Obstdörfern der Havel um Potsdam herum, obwohl es dort viele alte und schon morsche Obstbäume gab, also ideale Nistmöglichkeiten für ihn, noch im Alten Land oder in den Vierlanden an den Elbufern nahe Hamburg, wo die Bedingungen ähnlich sind.
Timmermann, der bei seinen Spaziergängen in und um Hamburg herum mehr als 200 Vogelarten beschrieben hat, nannte den Wendehals einen äußerst seltenen Vogel, der ihm nur auf dem Friedhof in Ohls-

dorf, in Wellingsbüttel und in Fünfhausen, in den Vierlanden, begegnet war. An der Ahr ist der Wendehals noch in den siebziger Jahren gesehen worden, aber auch hier waren es nur 10 bis 15 Pärchen. Ich habe den Wendehals erst im letzten Jahr zum erstenmal gesehen, bei Oberkirch auf den alten Streuobstwiesen nach Ödsbach zu. In Baden-Württemberg, wo dieser Vogel einst zahlreich war, wird die Zahl der Brutpaare heute auf weniger als 1000 geschätzt. Seit 50 Jahren geht der Bestand zurück.

Um sich vor Feinden zu schützen, das sind vor allem Greifvögel, hat die Natur diesen Vogel mit einer Fähigkeit ausgestattet, die ihm den Namen gibt: Wendehals. Er kann den Kopf um fast 180 Grad drehen. Das hat ihn seit Menschengedenken überleben lassen, aber nicht davor bewahren können, daß er seit langem auf der roten Liste steht, in der die vom Aussterben bedrohten Vögel geführt werden. Es ist der Mensch, der ihm die Chance zu überleben nahm. Da mag er den Hals wenden, soviel er will.

Wiesen- und andere Pieper

Sie piepen nie

Pieper, das ist ein Trivialname für alle Vögel. Aber es gibt den Pieper als Gattung, als Bindeglied zwischen Lerche und Stelze. Die Familie der Pieper ist über die ganze Welt verbreitet, nur auf den Inseln im Pazifischen Ozean fehlen sie. Es gibt ein Dutzend Arten, vier davon brüten in Deutschland: der Baumpieper, der Wiesenpieper, der Brachpieper und der Wasserpieper. Der Berliner Ornithologe Heinroth meinte: »Der nicht sehr Vogelkundige kennt die Pieper gewöhnlich gar nicht. Bei ihren Namen hat er zunächst die Vorstellung, daß sie *Piep* sagen müßten, was sie aber nicht tun.«

Des Baumpiepers Lied ist melodisch: Zu Beginn erinnert es an das Schmettern des Kanarienvogels, dann werden die Töne tiefer, lockender, um schließlich in Trillern zu enden. Fast immer von einem Baum aus himmelwärts fliegend beginnt der Baumpieper sein Lied. Für den Laien ist es das Tirilieren der Lerche, doch während die Lerche, steil herabstürzend, ihr Lied abbricht, jubiliert der Baumpieper erst recht im Sinkflug. Der Volksmund nennt ihn Spitzlerche.

Mit 15 Zentimeter Länge ist der Baumpieper weitaus kleiner als die Lerche. Das Gefieder ist braun-grün gefärbt, heller als das der Lerche, die Brust gelblich mit dunklen Flecken. An Waldrändern und an buschgesäumten Feldern ist der Baumpieper anzutreffen. Sein Nest aber baut er nicht auf Bäumen, sondern an Grasbüscheln, in den Furchen der Feldwege und in Gräben am Rande der Waldwege. Doch wo sind sie zu finden, die überwachsenen Gräben, die zerfurchten Ackerwege? – Feldwege sind heute asphaltiert, Gräben werden ausgebaggert.

Das Federkleid des Wiesenpiepers unterscheidet sich kaum von dem des Baumpiepers, doch der Wiesenpieper ist deutlich kleiner, und sein Gesang ist unbedeutend. Im Gegensatz zum Baumpieper steht er, der Wiesenpieper, ebenso wie der Brachpieper, schon lange auf der roten Liste der in ihrem Bestand gefährdeten Vogelarten. Lebensraum des Wiesenpiepers sind Moore, Sümpfe und feuchte Wiesen. Wiesenpieper und Baumpieper sind Zugvögel, die in den Mittelmeerländern überwintern. Nach Naumann gehört der Wiesenpieper aber zu den Vögeln, die unsere Winterkälte nicht unausstehlich finden. Er kann also auch Wintergast sein, was vor allem für die aus Skandinavien und aus Osteuropa ziehenden Vögel zutrifft. Am Futterhaus habe ich ihn allerdings nie gesehen. Pieper sind keine Körnerfresser, sie ernähren sich von Larven, Insekten, Käfern. Im Herbst sind auf Stoppelfeldern und an Waldrändern kleine gemischte Gruppen von Lerchen und Piepern zu beobachten, vermutlich dürfte es sich aber überwiegend um Baumpieper handeln. In den Elbniederungen war der Wiesenpieper vor 20 Jahren noch zahlreich.

Der Brachpieper ist etwas größer als der Baumpieper, sein Federkleid ist kaum gefleckt, die Brust sandbraun. Sein Revier ist das Ödland. Häufig war er in Deutschland nie, allein im Brandenburgischen soll er häufig gewesen sein, wohl wegen seiner Vorliebe für gelben Sand. Auch der Brachpieper ist ein Zugvogel, der im April kommt und schon im September wieder in wärmere Gegenden zurückfliegt.

Bleibt der Wasserpieper. Der Name führt in die Irre, denn er bevorzugt bergiges Gelände. Sehr exakte, über viele Jahre hin betriebene Beobachtungen in Baden-Württemberg zeigten, daß der Bestand auch dieses Vogels gefährdet ist.

Für Ornithologen ist der Wasserpieper fast identisch mit dem nordischen Strandpieper, allein die Schwanzkanten sind nicht weiß, sondern mattgrau. Und grö-

ßer als die anderen Pieper sind sie auch, etwa buchfinkengroß. Mir begegnete der Strandpieper auf der schwedischen Insel Öland, als ich auf Feldwegen zur Ruine einer Kapelle ging, die zu Ehren der heiligen Brigitta errichtet worden war. Auf einer matschigen Kuhwiese, stacheldrahtgesäumt, sah ich an einem Grasballen ein flatterndes Vögelchen, das vergeblich versuchte davonzufliegen. Ich sprang über den Stacheldraht, verscheuchte eine Kuh und nahm das Vögelchen auf – es war ein Strandpieper. Seine Füße waren mit einem Zwirnfaden eng zusammengebunden, so daß es wohl fliegen, aber nicht laufen konnte.
Der Vogel hatte sich nicht selbst verstrickt, in einem Netz oder in einem Garnknäuel. Er war gefesselt, denn die Fäden waren fest verknotet. Ein Dummerjungenstreich offenbar. Meine Frau hielt das Vögelchen in der Hand, ich knotete die Fäden auf. Nach zehn Minuten war es geschafft. Mit einem Jubelschrei, wie es uns schien, flog der Strandpieper davon, warf sich in die Luft, sein Element.
Wem wird es schon auffallen, wenn es keine Pieper mehr gibt, Baum-, Strand-, Wiesen-, Wasser- und Brachpieper? Der Pieper ist ein Vogel, der es nicht zu Ansehen brachte. Aber eine Welt ohne Pieper wäre eine ärmere Welt.

Der Neuntöter

Beute am Spieß

Das Wort »gemein« bedeutet in der Sprache der Ornithologen, daß ein Vogel häufig und fast überall dort anzutreffen ist, wo er ausreichende Lebensbedingungen findet. Noch bis in die sechziger Jahre war der Rotrückige Würger, der Neuntöter, in fast allen Landschaften Deutschlands gemein. Inzwischen ist er zum Vogel des Jahres geworden, denn er ist sehr gefährdet; es ist nicht auszuschließen, daß er ausstirbt.

Der Neuntöter ist ein Vogel mit vielen Namen. Naumann nennt für den deutschen Sprachraum 53 Trivial-

bezeichnungen. Das deutet darauf hin, daß dieser schöne Vogel, der nur von Mai bis August/September in unseren Breiten anzutreffen ist – in den Wintermonaten hält er sich im Süden Afrikas auf –, die Phantasie der Menschen stark beschäftigt hat. Und dies nicht zu seinem Vorteil. Ihm wurde nachgestellt, denn er galt als Mördervogel. Der Neuntöter, streitlustig, in Hekken und dichtem Dornengebüsch nistend, auch auf Obstwiesen am Waldrand, ist ein Vogel, der vorsorgt. Er fängt Raupen, Schmetterlinge, Käfer, Maikäfer, kleine Mäuse, Frösche, Eidechsen, aber auch Jungvögel, wie gerade flügge gewordene Finken, Ammern, Grasmücken und andere, um sie, ehe er sie verzehrt, auf Dornen aufzuspießen. Im Weißdorn und in Schlehenbüschen hat er seine Vorratskammern. Gehabt, muß man sagen, denn die Knicks, das dichte Buschwerk, das Felder voneinander trennte, Wiesen und Weiden begrenzte und Waldränder säumte, sind weitgehend verschwunden, einer geordneten Landschaft zum Opfer gefallen.
Naumann schrieb vor mehr als 100 Jahren, da der Neuntöter nicht scheu sei, könne man sich seiner leicht durch einen Schuß bemächtigen. Anhand von sechs Exemplaren, die auf Helgoland gefangen worden waren, wies er nach, daß der mitteleuropäische Neuntöter den in den Balkanländern und in Kleinasien vorgefundenen Vögeln gleicht. Selbst ein am Amur gefangener Vogel unterschied sich nicht von denen in Europa. In einer ornithologischen Zeitschrift ist 1934 festgehalten worden, daß ein auf Helgoland beringter

Rotrückiger Würger 16 Stunden später 700 Kilometer entfernt, in nordwestlicher Richtung, also immer über der offenen See fliegend, gefangen wurde. Zweimal im Jahr bewältigt dieser Vogel, der knapp 18 Zentimeter lang ist und eine Flügelspanne von 28 Zentimetern hat, eine Entfernung von 10000–12000 Kilometern.

1952, in einem Garten in Hamburg-Hummelsbüttel, hatte ich meine erste Begegnung mit einem Neuntöter. Er spießte seine Beute auf den Stacheldraht, der um das Grundstück gezogen war. Es waren Raupen und Käfer, seltene kleine Frösche und nur einmal ein noch nicht flügger Spatz, der fast nackt vermutlich aus dem Nest gefallen war.

Für viele seiner Trivialnamen, wie Finkenbeißer, Stegemörder oder Würgevogel, blieb dieser Vogel den Beweis schuldig. Oft aber, im Gebüsch verborgen, überraschte er mit einem leisen und innig vorgetragenen Lied, das nicht selten ein Plagiat war, denn es war den Feldlerchen und der Gartengrasmücke nachempfunden, die damals dort, in dem Dorf am Rande Hamburgs, noch zahlreich waren.

Zehn Jahre später hatte ich das gleiche Erlebnis am Zaun meines Gartens im Ahrgebirge. Doch noch ehe das Jahrzehnt zu Ende ging, blieb der Neuntöter, der Rotrückige Würger, aus. Seither sah ich keinen mehr.

Wird es genügen, mehr Hecken und undurchdringliches Gebüsch wachsen zu lassen, um den Neuntöter wieder »gemein« werden zu lassen? Vermutlich nicht, denn er braucht Maikäfer, bunte Schmetterlinge, Frösche und Eidechsen, wenn er wieder heimisch werden soll. Wo aber sind die noch zwischen Schlei und Bodensee in großer Zahl zu finden?

Der Baumläufer

Mäuschen im Baum

An den schroffen Rinden der alten Eichen im Krugkoppelpark an der Hamburger Außenalster konnte man noch vor wenigen Jahren, wenn man auf den Alsterdampfer wartete, Baumläufer beobachten. Ein klitzekleiner Vogel – wer nicht genau hinsah, konnte meinen, eine gesprenkelte Maus versuche, den Wipfel eines Baumes zu erklimmen. Ein behendes Vögelchen, das ruckartig, nach Art der Spechte, den Stamm von unten nach oben hinaufkletterte.

In Deutschland sind zwei Arten anzutreffen, neben

dem Gartenbaumläufer der Waldbaumläufer. Die Vögel voneinander zu unterscheiden, ist nicht leicht, denn im Aussehen und Verhalten sind sie einander sehr ähnlich. Allein der Gesang – oder besser: ihr Ruf – ist sehr unterschiedlich. Der Gartenbaumläufer lockt mit hellen Pfiffen und hat einen kurzen, tirilierenden Gesang, während der Ruf des Waldbaumläufers dem Klingeln der Blaumeisen ähnelt. Doch beide Arten gehören zu den eher schweigsamen Vögeln.
Beide Baumläufer sind im Gefieder rindengrau, leicht gefleckt, mit heller Unterseite und einem langen, gebogenen Schnabel. Der Vogel gehört zu den kleinsten, ist etwa zwölf Zentimeter lang und wiegt, wie Naumann schreibt, ohne Federn weniger als ein Zaunkönig, nämlich nur acht Gramm.
Der Gartenbaumläufer verteidigt sein nicht kleines Revier hartnäckig gegen seinesgleichen, dagegen ist beobachtet worden, daß beide Baumläuferarten nahe beieinander nisten. Das Nest, aus Reisern, Moos, Haaren und Federn, wird in Spalten und Löchern, meist hinter der abblätternden Rinde alter Bäume, angelegt. Auch in Holzstapeln ist es zu finden. Baumläufernistkästen, zwei bis vier Meter über dem Boden aufgehängt und mit einem Schlitz an der Seite, werden angenommen. Im Nest, das wohlgerundet ist, liegen vier bis sechs Eier, weiß, mit dunklen Flecken, beim Gartenbaumläufer mehr bräunlich. Nach etwa zwei Wochen schlüpfen die Jungen, die oft das Nest verlassen, noch ehe sie flugfähig sind, um sich vor Mäusen, Ratten, dem Wiesel und anderen Feinden in Sicherheit

zu bringen. Über die Entstehung der beiden Arten hat einer der Altmeister der Ornithologie in Deutschland, Prof. Stresemann, 1919 vor der Ornithologischen Gesellschaft in Bayern folgende These vertreten: Der in Mitteleuropa ansässige Baumläufer ist durch die Eiszeit nach Süden und Osten verdrängt worden und bildete dann zwei selbständige Formen. Über Nordeuropa kam der Waldbaumläufer dann wieder zur Mitte des Kontinents zurück, während der Gartenbaumläufer aus dem Süden zuwanderte, weshalb man ihn in Süd- und Westdeutschland häufiger findet als seinen Artgenossen.

Baumklette, Baumsteiger, Baumkletterlein sind, meist dialektgefärbt, Trivialnamen, die auf beide Arten unterschiedslos angewandt werden. Hans Sachs nennt den Baumläufer in seinem »Regiment der Vögel« 1531 »Baumhecker« und dichtet dazu: »Ich legt mich nieder, pflegt der Ruh und hört der Vögel Singen zu …«

Baumläufer sind Jahresvögel, bleiben also auch im kältesten Winter bei uns. Zahlreich waren sie nie, doch sie waren überall in den Wäldern, in Gärten und im Park zu Hause. Im letzten strengen Winter sah ich sie auch in meinem Garten. Ans Futterhaus kommen sie nicht, doch unermüdlich suchen sie die Kiefernstämme, immer von unten nach oben huschend, nach Larven, Spinnen, Insekten und Insekteneiern ab.

In den Wäldern um Hamburg haben Zählungen, die einige Jahre zurückliegen, ergeben, daß der Buchfink etwa siebenmal so häufig ist wie der Baumläufer. Ich habe nicht gezählt, doch dem Augenschein vertrauend, wäre das ein sehr ermutigendes Ergebnis. Noch stehen die Baumläufer auf keiner roten Liste, aber ist auszuschließen, daß ein so unauffälliges Vögelchen ganz unbemerkt verschwindet? Die alten, knorrigen Bäume, die der Baumläufer zum Überleben braucht, erinnern an Veteranen: Sie sterben dahin. Was nachwächst, ist rank und glatt – Holzplantagen, in denen der Baumläufer kein Nest bauen kann.

Die Elster

Schillernde Pracht

Die Chance, Vogel des Jahres zu werden, hat die Elster nicht. Wohl ist sie seit längerem der umstrittenste Vogel der Jahre, jedenfalls bei uns. 1986 verabschiedete die Bundesregierung nach einer EG-Richtlinie ein Gesetz, wonach Eichelhäher, Krähen und Elstern nicht mehr geschossen werden dürfen. Für viele – keineswegs für alle – Natur- und Vogelschützer ist dies ein unsinniger Beschluß.

Die bei uns heimische Elster ist in fast allen Ländern Europas, in Asien, Nordafrika und in weiten Teilen

Nordamerikas anzutreffen. In der Bundesrepublik hat sie sich nach meiner Beobachtung in den letzten 15 Jahren stark vermehrt. Sie ist überdies so etwas wie ein »Autobahn-Vogel«: Als Allesfresser nimmt sie auch Aas, und zu Tode gekommene Kaninchen, Hasen, Vögel, Igel, Katzen fallen an den Autobahnen Tag für Tag an. Abseits der Autobahnen kann die Elster ganze Landschaften veröden. In weitem Umkreis plündert sie die Nester von Singvögeln. Das wußte man schon vor 150 Jahren. Doch damals war der Bestand der Elstern noch auf natürliche Weise reguliert, überall gab es Habichte, Wanderfalken, und der Marder war kein seltenes Tier. Heute lebt die Elster, die bis in die Innenstädte vorgedrungen ist, fast überall ohne Feinde.
Von ferne erscheint die Elster als ein schwarz-weiß gezeichneter Vogel. In Wahrheit hat sie ein Federkleid von schillernder Pracht. Was schwarz erscheint, wird in der Nähe zu irisierendem Blau, auch dunklem Grün bis Violett, abgesetzt zum Weiß der Seiten und des Bauches wird es zu einem dunkelfarbigen Regenbogen. Beide Geschlechter sind gleich gefärbt. Die kurzen Flügel machen die Elster zu einem unbeholfenen Flieger; es scheint, als stoße sie sich ruckartig durch die Luft, nur der Gleitflug ist elegant. Am Boden läuft sie plump und wackelnd herum, dennoch ist sie alles andere als ein tumber Vogel. Sie ist äußerst wach, vorsichtig gegenüber dem Menschen, obgleich sie seine Nähe nicht scheut. Wenn es darum geht, Beute aufzuspüren, ist sie ein ausdauernder Beobachter, begabt mit dem Instinkt einer Raubkatze.

Die Elster ist Standvogel. Schon im Februar beginnt sie mit dem Nestbau, meist in hohen, nicht zu dicht stehenden Bäumen, am Feldrand, an Landstraßen, in Parks und in großen Gärten. Das Nest ist einem nach allen Seiten geschlossenen Korb ähnlich. Zuerst werden grobe Reiser zusammengetragen, darauf wird eine Schicht aus Lehm oder breiiger Erde gelegt; wenn sie getrocknet ist, formen die Vögel eine Nestmulde aus weichem Material, aus Haaren, Wolle, Federn und heute wohl auch aus Papier und Folien. An der Seite des »Korbnestes« ist ein kleines Einschlupfloch. Ich habe einen solchen Nestbau in einem Kölner Garten aus acht Meter Entfernung beobachten können, es entstand in einer etwa 18 Meter hohen amerikanischen Eschenart in 15 Meter Höhe. Dieses Nest wurde drei Jahre lang benutzt, jeweils im Frühjahr ausgebessert, auch vergrößert, wie mir schien, bis es von einem Weststurm fast vollständig weggeblasen wurde.

Im Nest können bis zu zehn Eier liegen. Die Brutzeit beträgt knapp drei Wochen, und wohl vier Wochen lang werden die Jungen im Nest gefüttert. Wie lange die flugfähigen Jungen bei den Eltern bleiben, habe ich nicht feststellen konnen, mir sind auch keine konkreten Angaben bekannt. – Augenzeuge war ich, als ein Elsternpaar in meinem Garten ein Hänflingsnest plünderte. Da ich hinzukam, ließen sie zwei der fast flugfähigen Jungen in den Ästen einer Fichte hängen. Getötet. Ein Jahr später passierte dasselbe mit einer Grünfinken-Brut, und stets wurden die jungen Singdros-

seln Opfer der Elstern. Dann aber nistete für viele Jahre am nahen Waldrand ein Habichtpärchen – und die Elstern blieben aus.
Schon im 12. Jahrhundert wird die Elster in Schriften erwähnt, als »algster«, »alster«, später im Schwäbischen auch als »Hetze«; in Norddeutschland hat sich bis heute der Name »Heister« für die Elster erhalten. Und bis ins vorige Jahrhundert sind viele Elstern noch Opfer des Aberglaubens der Menschen geworden. So berichtet Brehm: »Eine im März erlegte und an der Stalltür aufgehangene Elster hält nach Ansicht der Abergläubischen Fliegen und Krankheiten vom Vieh ab. Eine verbrannte und zu Pulver gestoßene Elster wurde zu ›Diakonissinnenpulver‹, einem unfehlbaren Mittel gegen die Fallsucht.«
Niemand verbrennt heute Elstern, doch daß die Natur aus dem Gleichgewicht ist, kann nicht bestritten werden, und das trifft nicht nur auf die Elster und ihre Vermehrung zu. In einigen Bundesländern ist der Abschuß der Elster für eine bestimmte Zeit, trotz EG, wieder freigegeben worden, und das nicht nur zugunsten der Jäger, die um Fasanen- und Rebhuhnküken fürchten. Niemand will der Elster den Garaus machen, so wie es fast gelungen wäre, die Greifvögel, die man Raubvögel nannte, auszurotten. Es geht um die »Bestandsregulierung«, ein schlimmes Wort, denn es verrät Anmaßung, doch es war der Mensch, der die Natur in Unordnung gebracht hat, darum sollte er dort, wo er es vermag, das Gleichgewicht halbwegs wiederherstellen.

Der Kiebitz

Kiwitt im Frühling

Im Alstermoor bin ich ihnen zum erstenmal begegnet. Sie machten auf sich aufmerksam, indem sie sich in die Luft warfen, im Sturzflug herniederschossen und dazu unablässig schrien. Der Wirbel, den sie veranstalteten, sollte den Eindringling von den Nestern fortlocken. Es war Brutzeit, und von dem Pfad aus, der sich durch die Wiesen schlängelte, waren die auf den Nestmulden brütenden Vögel zu sehen. Blauer Himmel, ein strahlend schöner Tag, ich strebte der Wohldorfer Schleuse zu, um von dort aus wieder in das Hamburger Laza-

rett zu kommen, das ich vierzehn Tage vorher verlassen hatte. Man schrieb den 8. Mai 1945. Seither gehört zum Frühling für mich der Kiebitz.
Der Bestand der Kiebitze ist noch nicht bedroht, doch geht ihre Zahl, wie es scheint, von Jahr zu Jahr zurück. Es gibt immer weniger feuchte Wiesen, die der Kiebitz als Nistplatz bevorzugt, und die intensivierte Bewirtschaftung auch des Graslandes hat dazu geführt, daß viele Gelege durch Landmaschinen, aber auch durch Weidevieh, zerstört werden. Obwohl es seit Jahrzehnten verboten ist, werden wohl auch noch immer Kiebitzeier gesammelt und als Delikatesse verkauft.
Der Kiebitz ist etwas größer als eine Taube; sein Gefieder schimmert blau-grün-metallisch. Ausgezeichnet ist er durch einen Schopf, der beim Männchen etwa zwölf Zentimeter und damit doppelt so hoch ist wie beim Weibchen.
In Deutschland ist der Vogel vor allem auf den Marschwiesen am Rande der Nordsee zu Hause. Die ersten Kiebitze treffen oft schon Ende Februar aus ihren Winterquartieren, die an der Atlantikküste vor Südfrankreich bis Nordafrika liegen, ein. In der Regel aber ziehen sie in großen Schwärmen. In der Wedeler und Haseldorfer Marsch wurden Anfang dieses Jahrzehnts noch viertausend Kiebitze gezählt. Auf den Sylter Wattwiesen dürften es kaum weniger sein.
Ich habe über viele Jahre hin von Ende Februar bis Mitte März auf einem Acker am Rande der Voreifel beobachten können, daß dort auf einer Fläche von 600

mal 800 Metern, jeweils drei bis vier Tage lang, ein Schwarm von etwa 1500 bis 2000 Kiebitzen anzutreffen war. Es war immer derselbe Acker, der auf der Flugroute offenbar die Funktion eines Zwischenlandeplatzes hatte.

Neben Frühjahrs- und Herbstzug gibt es den sogenannten Frühsommerzug, der stets am Tage stattfindet. Nach der Brutzeit, oft schon Ende Mai, verlassen Tausende Kiebitze das Nistgebiet und ziehen nach Südwesten.

Der normale Herbstzug findet statt von September bis – wenn die Witterung es erlaubt – in den späten November hinein, wobei die Vögel nach meiner Beobachtung zum Zwischenaufenthalt dieselben Plätze aufsuchen wie im Frühjahr, wenn sie nach Norden ziehen.

Der Kiebitz ist nicht nur in den Marschwiesen zu Hause, er ist über ganz Deutschland verbreitet, wenngleich er dort, wo die Bedingungen halbwegs gegeben sind, stets nur in kleineren Kolonien anzutreffen ist. So gab es Anfang der siebziger Jahre noch neun nistende Paare in der Nähe des Hafens von Trier. In der Schweiz wurden vor etlichen Jahren noch 33 Kolonien gezählt, eine davon in der Nähe des Zürcher Flughafens. Auf dem Radarschirm haben die Zürcher Fluglotsen damals an einem trüben Tag ein unbekanntes »Flugobjekt« geortet. Hubschrauberpiloten, die aufstiegen, um dieses mysteriöse Objekt auszumachen, stellten fest, daß es sich um etwa 150 Kiebitze handelte, die mit einer Geschwindigkeit von 60 Kilometern in der Stunde von Südwesten nach Nordosten flogen.

Der Vogel ist für mich einer der schönsten, und ohne seinen Ruf »Kiwitt, Kiwitt« ist, wie ich meine, der Frühling am Rande der Nordsee nicht vorstellbar.

Der Zaunkönig

Nester wie Paläste

Sieht man nicht genau hin, glaubt man, eine Maus husche durchs Gestrüpp. Dann aber kann es geschehen, daß diese »Maus« plötzlich laut »zek, zek, zek, zek« ruft. Da erst erkennt man, daß ein winziges Vögelchen durchs Gebüsch flitzt. Es ist ein Zaunkönig, manchmal auch ein Pärchen, das Warn- oder Angstschreie hören läßt, weil man dem versteckten Nest und dem Gelege oder der jungen Brut zu nahe gekommen ist. Der Ruf gleicht dem des schimpfenden Rotkehlchens, das sich über einen sich nahenden Feind oder über eine Störung empört. Den weitaus größten Teil des Jahres ist der Zaunkönig allerdings wenig menschenscheu, im Gegenteil, im Winter kommt er in Scheunen, auch Dachböden und in Schuppen, überall dorthin, wo er Spinnen, wintermüde Fliegen, Motten und andere Insekten findet.

Vom Zaunkönig gibt es in der Welt mehr als 200 Arten, die meisten von ihnen in wärmeren Zonen der Erde; in Deutschland und im größeren Teil Europas aber nur eine, unseren Zaunkönig. Seine zahlreichen Trivialnamen im deutschen Sprachraum, die bekanntesten sind: Zaunschlüpfer, Mäusekönig, Kunigel, Pfitschepfeil und Thomas im Zaune, beweisen, daß er den Menschen schon früh bekannt und vertraut war. Im Oberdeutschen wird der Zaunschlüpfer bereits in einer Chronik des 13. Jahrhunderts erwähnt. Und Kunigel oder Königsvogel erinnert an das Märchen vom Zaunkönig, das auch den Menschen bekannt ist, die in ihrem Leben nie einen gesehen oder gehört haben. Die Brüder Grimm haben das Märchen nacherzählt. Danach beschlossen die Vögel eines Tages, der solle ihr König sein, der am höchsten fliegen könne. Und so kommen sie denn alle an einem schönen Maimorgen zusammen, darunter auch ein kleines Vögelchen, das noch gar keinen Namen hat. Die ganze Vogelschar erhob sich auf ein Zeichen hin also in die Lüfte und der Adler stieg am höchsten. Im Märchen heißt es dann weiter: »... Die Vögel unter ihm riefen ihm alle gleich zu, du mußt unser König sein, keiner ist höher geflogen als du. Ausgenommen ich, schrie der kleine Kerl ohne Namen, der sich in die Brustfedern des Adlers verkrochen hatte. Und da er nicht müde war, so stieg er (als der Adler schon zur Erde flog) auf und stieg so hoch, daß er Gott auf seinem Throne konnte sitzen sehen. Als er aber so weit gekommen war, legte er seine Flügel zusammen, sank herab und rief unten mit feiner durchdringender Stimme ›König bün ick, König bün ick!‹ «

Dieses Märchen, in vielen Sprachen überliefert, ist in Wahrheit eine alte Sage, schon Aristoteles, 384 vor Christi, erwähnt sie, und rund 400 Jahre später hat der römische Schriftsteller Plinius ähnliches aufgeschrieben. Doch bei beiden handelt es sich nicht um unseren Zaunkönig, sondern um das Goldhähnchen; es wurde mit dem schon genannten Trick König, weil es eine goldene Haube auf dem Kopfe trug, eine Krone also.

Nach dem Goldhähnchen und einigen Laubvögeln, ist der Zaunkönig der kleinste deutsche Vogel. Er wird bis zu zehn Zentimeter lang, seine Flügelspanne beträgt etwa 14 Zentimeter, und er wiegt zehn Gramm, eher weniger. Sein Gefieder ist rostbraun mit dunkleren Querstreifen, die sich auch über die Schwanzfedern erstrecken. Brust und Bauch sind heller gefärbt. Das Federkleid des Weibchens ist blasser, überdies ist das Weibchen unmerklich kleiner. Sein Nest baut der Zaunkönig im Dickicht, in dichtem Gebüsch, an Weg- und an Bachrändern, meist dicht über dem Boden, er geht auch in Erdlöcher (Mausekönig) und in Höhlen. Das Nest ist, verglichen mit den meisten anderen Vogelnestern, ein Palast. Es ist aus dürren Zweigen, Gräsern und trockenen Wurzeln geflochten, rund, meist aber oval, etwa 16 Zentimeter hoch und 13 Zentimeter breit, an der Seite hat es ein Einflugloch. Gepolstert ist es mit trockenem Laub, Moos und Haaren. Das Männchen baut drei bis vier dieser Nester, doch nur das Brutnest ist zusätzlich mit weichen Federn ausgelegt, die anderen sind sogenannte Spielnester. Im Nest liegen sechs bis sieben weiße, rotgepünktete Eier, die in zwei Wochen überwiegend vom Weibchen ausgebrütet werden. Nach knapp drei Wochen sind die Jungen flügge, kehren aber, wie beobachtet wurde, des Abends mit den Eltern ins Nest zurück. Die Nahrung besteht ausschließlich aus Insekten – reife Holunderbeeren sind die Ausnahme – wie andererseits eine Brut im Jahr die Regel ist. In Deutschland ist der Zaunkönig Stand- und Strichvogel.

Bei Brehm heißt es: »In Deutschland gibt es keine Gegend, in der der Zaunkönig nicht beobachtet worden wäre.« Das trifft auch heute noch zu, doch kommt es vor, daß das Vögelchen in manchen Gegenden für eine gewisse Zeit, zwei oder drei Jahre, ganz verschwindet. Die Ursachen dafür sind nicht exakt nachweisbar, denn Schwankungen des Bestandes und völlige vorübergehende Abwesenheit hat Naumann schon zu Beginn des vorigen Jahrhunderts festgestellt. Zweifellos hat der Zaunkönig viele Feinde, Katzen, Wiesel, Ratten, wohl auch Krähen und Elstern, während er das Opfer von Greifvögeln

nur selten wird, weil er sich im Dickicht behende bewegt und kaum über offenes Gelände fliegt.
Im Wald, nahe meines Hauses, ist er noch häufig, wenngleich man ihn nie in Trupps oder Gesellschaften beisammen sieht. Auch zu einem verwilderten Garten hin, in den Brombeerhecken am Rande verwitterten Mauerwerks (Thomas im Zaune), ist er gelegentlich anzutreffen. Wenn er, meist mit senkrecht aufgestelltem Schwanz und immer erregt wirkend, durchs Gebüsch streift, läßt er, sofern keine Gefahr droht, auf einem dünnen Zweig sitzend, sein Lied ertönen, ein Lied, das aus hellen, unterschiedlichen Tönen besteht und mit einem Triller endet. Erstaunlich ist, wie melodisch dieses Vögelchen singt und wie laut. Nur zur Zeit der Mauser ist es stiller, sonst aber ist es das ganze Jahr zu hören, auch im kältesten Winter, wenn, wie Brehm meint, dieser Gesang einen außerordentlichen Eindruck auf das Gemüt des Menschen macht. Ob das noch so ist? – Das Lied des Zaunkönigs ist das gleiche geblieben, wie zur Zeit der Minnelieder, aber wie steht es mit dem Gemüt des Menschen?

Die Schwanzmeise

Die Nestbauerin

Gehört haben sie sicherlich schon viele Menschen, wohl aber die wenigsten haben sie je gesehen: die Schwanzmeise. Nun ist es keineswegs so, daß ihr Ruf laut, kreischend oder sonstwie störend wäre, im Gegenteil. Es ist eher ein Flüstern, ein leises »sit-sit-sit«. Wenn man im Winter durch den Wald geht oder einen Park mit hohen, kahlen Laubbäumen und es ist windstill, dann ist es gut zu hören, dieses unablässige »sit-sit-sit«. Denn es ist nicht nur ein Vogel, der da ruft oder unschlüssig vor sich hin schwatzt; es ist ein Völkchen, acht oder zehn Vögelchen, die hoch in den Ästen herumschwirren. Und es scheint, daß sie sich unentwegt zurufen: »Bist du noch da, bist du noch da?« Schaut man in die Wipfel, ist es nicht leicht, das Schwanzmeisenvölkchen zu entdecken, denn es sind ungemein hurtige Vögelchen, die da auf Nahrungssuche sind und immer nur Sekunden verharren. Sind die Bäume schneebestäubt, bleiben sie ohnehin so gut wie unsichtbar.

»Die Schwanzmeisen heißen nun einmal Meisen, daran läßt sich nichts mehr ändern«, schrieb der Ornithologe Oskar Heinroth vom Berliner Zoologischen Garten vor mehr als einem halben Jahrhundert. Mit den meisten anderen Meisen nämlich haben die Schwanzmeisen nichts gemein, denn sie sind weder Höhlenbrüter noch fressen sie Körner oder Samen, auch im härtesten Winter nicht. Wissenschaftler haben sie deshalb auch »Halbmeisen« genannt. Im Volksmund haben sie viele Namen, so taucht in einem Straßburger Vogelbuch aus dem Jahre 1554 zum erstenmal die Bezeichnung Pfannenstielchen auf, in einem Buch mit dem Titel »Die Angenehme Land Lust« aus dem Jahre 1720 werden sie Schneemeisen genannt, unter den Trivialnamen finden sich aber auch »Pelzmeisen« oder »Backofendrescher«; das eine wie das andere nicht recht erklärbar.

Die Schwanzmeise gehört zu den kleinsten Vögeln, die in Deutschland brüten. Mit acht bis neun Gramm ist sie nur vier Gramm schwerer als das Goldhähnchen und bis zwei Gramm leichter als der Zaunkönig. Es gibt zwei Arten, die sich in Form und Gewicht nicht unterscheiden, allein im Gefieder. Die Schwanzmeisen in den ehemaligen deutschen Ostprovinzen, in Polen und weiter nach Osten hin sind ganz weiß, in Westdeutschland und auch in Nordeuropa haben sie einen braunschwarzen Augenstreif und ebenso gefärbt ist das Rückengefieder. Der Vogel ist knapp 15 Zentimeter lang, davon beträgt die Schwanzlänge acht bis zehn Zentimeter. Auffallend ist der kugelrund wirkende Kopf mit einem Millimeter kleinen Schnabel, der nicht so kräftig ist wie der anderer Meisen. Schwanzmeisen sind Stand- und Strichvögel, das heißt, die Paare bleiben auch im Winter ihrem Revier treu oder sie schließen sich zu Völkchen zusammen, was häufiger ist, und ziehen dann, dem Nahrungsangebot folgend, in einem weitläufigen Gebiet herum. Es kommt auch vor, daß sie mit Goldhähnchen und gelegentlich auch anderen Meisen kleine Trupps bilden. Ihre Nahrung besteht ausschließlich aus Insekten, kleinen Raupen, Larven, Spinnen, Fliegen und dergleichen. Je strenger der Winter, um so größer die Zahl derer, die nach Westen und Südwesten ausweicht.

Schon im März, noch ehe die Bäume belaubt sind, suchen die Schwanzmeisenpaare – die Trupps haben sich dann aufgelöst – einen geeigneten Nistplatz. Das Nest bauen sie in dichten Hecken, in Laubbäumen, dort fast immer in einer Astgabel, aber auch in Lebensbäumen und wohl auch in Wacholderbüschen. Gebaut und geflochten wird das Nest allein vom Weibchen, wäh-

rend das Männchen unermüdlich Nistmaterial heranschleppt. In etwa drei Wochen entsteht ein Wunderwerk. Das Nest gleicht einem großen Ei, es ist gut 15 Zentimeter hoch und etwa 12 Zentimeter breit. Innen ist es mit Haaren und Federn ausgepolstert, vorwiegend mit Daunen, die das Männchen dort sammelt, wo ein Greifvogel einen anderen Vogel gerupft hat. Außen wird dieses dichte Geflecht, das in der oberen Hälfte ein winziges Einflugloch hat, mit Flechten, Moos, Blättern und Ranken so beklebt, daß es stets so aussieht wie der Stamm oder Ast an den es »angebunden« ist. Auch für ein geübtes Auge ist es schwer erkennbar. Für Katzen, Krähen, Haselmäuse und viele andere Feinde gilt das sicherlich nicht, denn viele Nester werden zerstört, die Eier oder die Brut geraubt.
Nach dem Nestbau geschieht das zweite Wunder eines Schwanzmeisenpaares. Innerhalb von zehn Tagen legt das acht Gramm schwere Weibchen zehn bis dreizehn winzige Eier, die zusammen zehn bis zwölf Gramm wiegen, also ihr eigenes Gewicht um gut ein Fünftel übertreffen. Nur das Weibchen brütet. Nach etwa zehn Tagen schlüpfen die Jungen. Sie sind nackt, aber schon nach zwei Wochen flügge. Wenn es zu einer zweiten Brut kommt, baut das Pärchen ein neues Nest, allerdings mit weniger Sorgfalt als beim erstenmal. Es liegen dann auch nur noch fünf bis acht Eier im Nest.
So häufig wie Kohlmeisen oder Spatzen waren Schwanzmeisen nie. Doch wenn ihre Zahl, wie die vieler Vogelarten, auch zurückgegangen ist, was mit

den Lebensräumen zu tun hat – Chemie auf Feldern und in Wäldern verringert das Nahrungsangebot –, so sind diese Vögelchen auch heute noch an vielen Orten anzutreffen. Ich habe sie in den letzten Jahren im Kölner Stadtwald gesehen, in Gärten in der Nähe, im Englischen Garten in München, auf dem Ohlsdorfer Friedhof in Hamburg, also immer in Menschennähe. Aber auch in der Eifel, im Rheintal und im Schwarzwald. Im Winter, wenn die Schwanzmeisen, die sich in den Kronen hoher Bäume wohl am liebsten aufhalten, auch das Buschwerk nach Insekten absuchen, zeigen sie vor den Menschen keine Scheu. Oskar Heinroth, der junge Schwanzmeisen großzog, meinte, zum Scheuwerden seien sie zu dumm. Ein herbes Urteil gegen einen so anmutigen Vogel. Im vorigen Jahrhundert, als Fallensteller die Singvögel auch bei uns zu Tausenden fingen, um sie zu verkaufen oder zu essen, schrieb Naumann, einer der Urväter der deutschen Ornithologie: »Sie für die Küche zu fangen ist ein Unrecht und sollte von der Obrigkeit untersagt sein.« Es war untersagt. Im Jahre 1328 verfügte Kaiser Ludwig IV. der Bayer, daß jeder, der eine Schwanzmeise – damals noch Bergmeise genannt – fange, eine Strafe in Geld zu zahlen und dazu eine Henne und zwölf Küken abzuliefern habe.

Krähen

Galgenvögel

Krähen sind schwarze Vögel, die von vielen Menschen Raben genannt werden, und überdies glaubt man zu wissen, daß eine Krähe der anderen kein Auge aushackt. Das zumindest ist richtig, doch andere Vögel tun das auch nicht, weder Finken noch Spatzen, weder Stare noch Eulen und alle sonstigen. Die Verwirrung hat zwei Gründe, einmal, daß es den Kolkraben gibt und dann die Rabenkrähe. Der Kolkrabe ist in Deutschland immer ein rarer Vogel gewesen und seit der Jahrhundertwende ist er praktisch ausgestorben.

Nur am Alpenrand und in Schleswig-Holstein haben einige Exemplare überlebt, und vor einigen Jahren hat man im Sauerland zwei Paare beobachtet. Der Kolkrabe ist ein majestätischer Vogel; etwa 60 Zentimeter lang, mit einer Flügelspanne von 1,30 Meter und dem Gewicht von über einem Kilo ist er mehr als doppelt bis viermal so groß wie alle Krähen, die bei uns heimisch oder im Winter zu Gast sind. Und dies sind die Raben-, die Nebel- und die Saatkrähe. Hinzu kommt die Dohle.

Die drei Krähenarten sind für den Laien schwer voneinander zu unterscheiden. Westlich der Elbe ist die Rabenkrähe Stand- und Strichvogel. Ihr Gefieder ist tiefschwarz, schimmert in hellem Licht aber ins Bläuliche. Der Vogel ist gut 40 Zentimeter lang und hat eine Flügelspanne von etwa 90 Zentimeter. Er wiegt 500 Gramm. Rabenkrähen, die in Einehe leben, nisten nicht in Kolonien. Das Nest, aus Reisern und Moos gepolstert, wird fast immer in den Wipfeln hoher Bäume angelegt. Anfang April liegen in der Regel vier grünlich-dunkel gesprenkelte Eier darin, die allein vom Weibchen ausgebrütet werden. Nach knapp drei Wochen schlüpfen die Jungen, die dann nach einem Monat, also etwa Mitte Juni, flügge sind und von den Eltern geführt werden. Rabenkrähen sind Allesfresser: Würmer, Abfälle, die sie auf Müllhalden finden, Aas, aber sie plündern auch Nester von Kleinvögeln, rauben die Gelege von Enten, Wasservögeln und Feldhühnern, vertilgen Mäuse und nehmen auch Junghasen, wenn sie ihrer habhaft werden. Ein Trivialname der Krähen, vor allem aber der Kolkraben, lautet: Galgenvogel. Als der Galgen noch ein Werkzeug der Justiz war, ließ man zur Abschreckung die Gehenkten 24 Stunden am Strick baumeln, Zeit genug, daß die Aasfresser sich einfanden.

Ostwärts der Elbe ist die Nebelkrähe zu Hause. Im Grenzgebiet kommt es zur Vermischung mit der Rabenkrähe; auch die Bastarde sind zeugungsfähig. Rükken, Brust und Bauch der Nebelkrähe sind im Gegensatz zur Rabenkrähe grau. Im Spätherbst ziehen sie in Schwärmen zu Hunderten aus Ost- und Nordosteuropa bis nach Westfrankreich. Sie sind auf dem Zug, wenn die Nebel auf den Feldern liegen, daher der Name. Das Wort Krähe leitet sich ab vom Laut der Vögel, dem Gekrächz. Während der Zugzeit sind Nebelkrähen in den östlichen Provinzen früher in Netzen zu Tausenden gefangen worden. Professor Thienemann, der jahrzehntelang die Vogelwarte Rossitten auf der Kurischen Nehrung leitete, schreibt darüber: »Der Krähenfänger umfaßt mit der Rechten Schwanz, Flügelspitzen und Fänge, während die Linke den Schnabel festhält; der Kopf wird dann zwischen die Zähne geschoben, ein leises Knirschen und schon ist die Krähe blitzartig verendet.« Mit dem Biß hat der »Krähenfänger« das Genick des Vogels gebrochen. Das Fleisch der gerupften Krähen wurde eingepökelt – es war der Sonntagsbraten für die Menschen auf der sandigen Nehrung, die sechs Tage lang nur das aßen, was den Fischern in den Netzen hängengeblieben war.

Obgleich während der Zugzeit in Gesellschaften zusammenfliegend, achten Raben- und Nebelkrähen bei der Nahrungssuche auf Abstand. Anders die Saatkrähen. Sie nisten in Kolonien und bilden eine geschwätzige und gesellige Gemeinschaft. Die Saatkrähe ist kleiner und vor allem deutlich schlanker als die genannten, und sie ist nicht so räuberisch, sondern ernährt sich vor allem von Käfern, Raupen, Insekten aller Art sowie von Körnern und Samen. Im September habe ich an einem See im südlichen Schweden beobachtet, wie Saatkrähenschwärme, 100 bis 250 Vögel, schon auf dem Zuge, etwa eine Stunde vor Dunkelwerden ihre Schlafplätze aufsuchten. Meist waren es die im See liegenden, bewaldeten kleinen Inseln. In den Spitzen der Bäume stellten sie Wachen aus, und näherte man sich mit dem Boot dem Schlafplatz, flogen sie mit großem Geschrei davon, hin zur nächsten Insel. Vertrieb man sie auch dort, gab es so etwas wie ein »Inselspringen«. Wurden sie aber vier- oder fünfmal gestört, flogen sie davon, um sich weitab einen anderen Schlafplatz zu suchen.
1986 war die Saatkrähe »Vogel des Jahres«, denn in Deutschland ist sie in ihrem Bestand bedroht; zwar überwintern viele der Vögel bei uns, in Bayern sollen es im vorletzten Winter 80000 gewesen sein, doch als Brutvogel waren es weniger als 5000. Und in anderen Bundesländern ist die Zahl weitaus geringer.
Schließlich die Dohle. Sie ist der kleinste der »Krähenvögel«, etwa elsterngroß, doch ohne den langen Schwanz. Beide Geschlechter sind gleich gefärbt, der

Rücken schwarz, die Unterseite verwaschen grau, der Nacken von hellem Grau, ebenfalls der Kopf, ausgenommen die schwarze Stirnplatte. Die Dohle ist ein sogenannter Felsenbrüter. Sie nistet aber auch in Türmen, in Mauernischen und in hohlen Bäumen und meist in Kolonien. In Osteuropa und in Skandinavien ist sie auch ein Stadtvogel und auf Plätzen und in Parks oft in großer Zahl zu sehen. Auch die Dohle ist ein Allesfresser.

Über Schaden und Nutzen der Rabenvögel wird seit geraumer Zeit heftig gestritten. Bei Naumann heißt es noch: »Prüft man Nutzen und Schaden..., so möchte sich wohl das Gleichgewicht halten. Man bedenke nur, wie viele Mäuse und Maikäferlarven die Krähen vernichten, die den Wurzeln der Feldfrüchte so sehr schaden...« Auf den »Chemie-gepflegten Feldern« gibt es keine Mäuseplage mehr und Maikäfer schon gar nicht. So sind die Krähen denn gezwungen, ihre Speisekarte umzuschreiben, und so stehen denn mehr Singvogelbruten darauf als früher. Das ist ärgerlich. Und weil der Mensch sich nicht davon abhalten läßt, auch die Natur zu ordnen, hat er auch bewirkt, daß der natürliche Feind der Krähen, der Habicht, nur noch selten zu sehen ist. Als die Natur noch im Gleichgewicht war, schlug ein Habicht im Jahr um die 50 Krähenvögel und keine Vogelart war in ihrem Bestand bedroht, auch die Krähen nicht.

Der Storch

Meister Adebar
und sein unbekannter Bruder

»Ein tragisches Geschick, das sich unaufhaltsam an diesen großen und eigenartigen Vögeln zu erfüllen scheint, findet darin seinen Ausdruck, daß man bei der Feststellung des Vorkommens oder der Verbreitung, meist ein besseres ›Früher‹ mit einem traurigen ›Heute‹ vergleichen muß. Früher nicht selten, heute fast vernichtet, so lautet in vielen Fällen die Berichterstattung, der noch hinzugefügt werden könnte, daß der Fortbestand der Art in den künftigen Jahrzehnten keineswegs gesichert erscheint. Gibt es eine Anklage, die eine eindringlichere Sprache redet von der verständnislosen Mißhandlung des Tieres und seiner Welt, die man nicht achtete, sondern ausbeutete, plünderte und mit rohem Griff eines oft nur erdachten Vorteils willen vernichtete? Die Erkenntnis kommt meist zu spät! Aber es hat keinen Zweck, dem Verlorenen nachzuweinen. Nur der Wille, es besser zu machen, kann helfen!«

Die Rede ist vom Storch, vom Weißen Storch. Und wenn wir heute so tun, als sei die Gefährdung der Natur eine Erkenntnis der letzten zwei Jahrzehnte, dann ist dem nur anzumerken, daß das Zitat oben einem Buch entnommen ist, das 1932 in einem Berliner Verlag erschien. Der Autor hieß Horst Siewert.

Storchennester auf strohgedeckten Häusern in der Nähe Hamburgs waren vor 50 Jahren keine Seltenheit. In Farmsen gab es mindestens drei, eines ganz nahe dem Bahnhof der Hochbahn. Jagdrevier waren die feuchten Wiesen an der Wandse nach Wandsbek und Rahlstedt zu.

Noch 1934 wurden am Ufer der Elbe, von Boizenburg/Bleckede bis Stade/Elmshorn 509 Storchennester gezählt, rund dreißig davon auf Bäumen. In den Elbmarschen war der Storch häufig, heute ist er eine Seltenheit. 1985 war an manchen Tagen ein Storch auf den Wiesen nördlich Niendorf zu sehen, auf den Wiesen nahe der Autobahn nach Flensburg. Für wie viele Menschen wird es wohl das erstemal in ihrem Leben gewesen sein, daß sie einen Storch sahen –

vorausgesetzt, sie haben erkannt, um welchen Vogel es sich handelt?

Daß Meister Adebar noch einen Bruder hat, den schwarzen Storch, ist vermutlich nur noch Ornithologen bekannt. Und selbst von ihnen haben viele noch nie einen, der die Nähe der Menschen meidet und in dichten Wäldern nistet, zu Gesicht bekommen. In der Nähe von Hamburg sollen die letzten Schwarzstörche um die Jahrhundertwende gesehen worden sein. In Deutschland war der Schwarzstorch verbreitet, aber nie zahlreich. Am häufigsten war er in Ostpreußen und in Pommern. Nach Horst Siewert sind 1905 in ganz Ostpreußen 60 Horste des Schwarzstorchs gezählt worden; 1914 waren es nur noch 40. In der Bundesrepublik nisten auch heute noch einige wenige Paare. Eine Vogelschutzstation kümmert sich um die Gelege, die Brutgebiete werden geheimgehalten. Zu Recht.

In den ersten 30 Jahren unseres Jahrhunderts registrierte man in Ostpreußen eine nicht erklärbare Vermehrung der Weißstörche. Das Journal für Ornithologie berichtete 1934, daß man Ende der zwanziger Jahre mehr als 120 Jungstörche zurückgehalten habe, in der Vogelwarte Rossitten, um sie nach dem großen Storchenzug auf die Reise zu schicken. Zweck war es, zu erkunden, ob die Jungvögel auch ohne die Alten die Flugroute nach Afrika fanden. In der Mehrzahl schafften sie es, wenn auch mit Abweichungen von den klassischen Routen. Diesen Mitteilungen steht allerdings eine Statistik entgegen, die in Ostpreußen schon für die Zeit von 1905 bis 1912 eine Verringerung der Weißstorchnester um rund ein Drittel verzeichnet, von fast 14000 auf 9000. Es war die Zeit der großen Trockenlegungen von Mooren und feuchten Wiesen, dennoch wird man die Zahl eher nach oben als nach unten korrigieren müssen. 10000 Storchenpaare, die dürfte es auch heute im polnischen und im russischen Ostpreußen nicht mehr geben.

Heute ist man verzweifelt bemüht, das Aussterben des Weißstorchs aufzuhalten. Es gibt Storchenstationen im Elsaß, in der Schweiz und in der Bundesrepublik. Aber es ist abzusehen, daß der Storch nur noch als Wappenvogel wie im Elsaß und als Legende überleben wird. Sein Horst auf dem Dach brachte Segen und gab die Gewißheit, daß Haus und Mensch den Blitzschlag nicht zu fürchten hatten. Bedroht aber war der Storch schon immer. Als die Gourmets in Rom sich Jungstorchbraten servieren ließen, sagte Horaz: »Das ist ein trauriges Zeichen der Zeit.«

Die Haubenlerche

Der Spatzen König

»Es war die Nachtigall und nicht die Lerche.« Wer von unseren Nachbarn, wenn er die eine oder die andere hört, könnte schon sagen, welcher Vogel es gewesen sei, der da jubilierte? – Tirilierte, hätte Wilhelm Busch gesagt. Nachtigallen sangen einst im Volkspark Altona, auf dem Ohlsdorfer Friedhof, und die Lerchen mit ihren hellen Stimmen warfen sich auf den Feldern hinter Langenhorn, Hummelsbüttel und überall dort, wo es noch weite Wiesen und Äcker gab, in den blauen Himmel. Doch von Nachtigall und Lerche ein andermal. Von der Haubenlerche soll die Rede sein.

Die Haubenlerche, ein Vogel, der karges Gelände liebt. An Bahndämmen, an Güterbahnhöfen, auf Truppenübungsplätzen kann man ihn – konnte man ihn – sehen. Um 1950 herum war dieser Vogel noch auf dem Hamburger Heiligengeistfeld, am Holstenwall, auf dem Bahngelände in Tiefstack zu sehen; wenn es kalt wurde, kam er auch in die Innenstadt. Aber ein Stadtbewohner, ein Brutvogel in der Stadt, war er niemals.

Im Jahre 1822 schrieb einer der Urväter der deutschen Ornithologie, J. A. Naumann: »... in Schleswig-Holstein ist die Haubenlerche heute gemein.« – Ein Vogel, der sich bis in die Mitte unseres Jahrhunderts in der Nähe der Menschen aufhielt. In den kalten Monaten war er inmitten von Spatzenscharen, gelegentlich zusammen mit Goldammern, zu sehen. Größer als ein Spatz, von einer Färbung, die Naumann eine Mischung aus Staub und Straßenkot nennt, aber ausgezeichnet mit einer spitzen Haube, bewegt sich dieser Vogel in der Schar wie ein Spatzenkönig. Und niemand, der ihn je auf einem Zweig oder Ast hätte sitzen sehen. Entweder er fliegt – oder er geht zu Fuß.

In Potsdam war vor dem Zweiten Weltkrieg auch ein Kavallerieregiment stationiert. Und wenn die Schwadronen am Morgen ausritten, folgte ihnen ein Schwarm von Spatzen und von Haubenlerchen. Das, was die Pferde fallen ließen, war das Frühstück. In dem Schwarm der Spatzen, 30 oder 50, waren auch

immer fünf oder sechs Haubenlerchen. Sie zankten und sie pöbelten nicht, gelassen wählten sie aus – und Spatzen kamen ihnen nie zu nahe.
Meine letzte Begegnung mit Haubenlerchen liegt etwa drei Jahre zurück. Es war auf der Insel Sylt. Am Rande der Straße von Keitum nach Braderup, auf einer Pferdekoppel. Karges und ödes Gelände, das sie bevorzugen, gab es unweit der Koppel reichlich. Ob sie aus den Städten nahezu ganz verschwunden sind, weil sich auch die Pferde aus den Städten zurückgezogen haben?

Auerhahn und Birkhuhn

Tänzer auf der Balz

»Das Leben der Menschen, die am Morgen vors Haus treten und das Glucksen der Birkhähne nicht gehört haben, muß traurig sein, denn den wirklichen Frühling haben sie nicht kennengelernt«, schreibt Czeslaw Milosz, der polnische Nobelpreisträger, in seinem Roman »Tal der Issa«.

Wer in Mitteleuropa kann heute noch von sich sagen, daß ihm das »Glucksen« der Birkhähne ein vertrauter Laut sei, vom Balzruf des Auerhahns ganz zu schweigen. Beide, Auerhahn und Birkhahn, waren in deutschen Wäldern einst heimisch, wenn auch nicht überall verbreitet oder gar zahlreich. Heute stehen sie auf der Liste der Vögel, deren Art vom Aussterben bedroht ist. Die Forstwirtschaft, die den Wald in eine Holzfabrik verwandelt hat, Lifte, die den Bergwald durchschneiden, der Lärm der Menschen, die am Rande einer Schonung eine Grillparty veranstalten – es gibt genug, was diese Hühnervögel vergrämt.

Das größte aller Waldhühner ist das Auer- oder Urhuhn. Brehm nennt es die Zierde der Wälder, aber auch die Freude des Waidmanns. Der Auerhahn wird über einen Meter groß und kann sechs Kilo wiegen, die Henne ist um ein Drittel kleiner und leichter. Das Gefieder des Hahns ist schwarzgrau bis bräunlich, die Brust metallisch grün, die Schwanzfedern sind weiß gefleckt. In Deutschland war das Auerwild, dessen eigentliche Heimat Sibirien und das nördliche Rußland ist, nie häufig. In den Mittelgebirgen war es anzutreffen, aber auch in den Wäldern Brandenburgs, Schlesiens und Pommerns. Seine Nahrung: Samen, Klee, Knospen, Beeren und Insekten. Der Balztanz des Auerhahns ist oft beschrieben worden. Bei Brehm liest es sich so: »...nach drei Uhr in der Frühe beginnt die Balz. Sie hebt mit sogenanntem Schnalzen oder Knappen an, der Hahn streckt den Kopf vor, doch nicht jedesmal gegen Morgen, wie behauptet worden ist, er sträubt die Kopf- und Kehlfedern und gibt nun die schnalzenden Töne von sich, die immer schneller erfolgen, bis der Hauptschlag erschallt und das Schleifen anfängt. Dieses besteht aus zischenden Lauten, die dem Wetzen eines eisernen Werkzeuges sehr ähnlich sind...« Sphärenmusik für das Ohr des Jägers, wie Brehm meint.

Ich habe den Balzruf des Auerhahns in den märkischen Wäldern südlich von Potsdam gehört, doch es ist mir nie gelungen, den Balzhahn zu sehen. Jahre später, lange nach der Balz, im August, an einem verschilften und von Gestrüpp umwucherten Waldsee in Schweden, sah ich einen Auerhahn. Mit schwerem Flügelschlag kündigte er sich an, setzte sich auf den Ast eines umgestürzten, schon trockenen Baumes und reckte den Kopf in die Höhe.

Auch Birkhühner und Hähne sind scheu, doch sie halten sich nicht so versteckt wie das Auerwild. Das Birkhuhn ist etwa halb so groß wie das Auerwild. Früher war es in Deutschland überall verbreitet, allerdings nicht im Rheintal und im Schwarzwald. Noch Anfang der sechziger Jahre war es in der weiten Umgebung von Hamburg Brutvogel. Ebenso wie die Auerhähne locken auch die Birkhähne mit exzentrisch anmutenden Tänzen die Hennen an, sie streiten miteinander, kämpfen, und jeder Hahn muß Federn lassen, doch ernsthaft verletzen sie einander nie. Noch einmal Czeslaw Milosz: »Die Birkhähne tanzen in den Lichtungen, ihre Flügel schleifen über den Boden, und die Schwanzlyra, tintenfarben und weiß gefüttert, ist senkrecht aufgereckt. Ihre Kehlen können den Überschwang des Gesanges nicht fassen, sie blähen sich auf, als ob sie eine tönende Kugel rollten.«

In Niedersachsen ist der Bestand der Birkhühner von

mehreren Tausend in den letzten 20 Jahren auf ein paar Dutzend Paare zurückgegangen. In den anderen Bundesländern ist es nicht anders. Anfang der siebziger Jahre waren in den Wäldern der Eifel noch Birkhühner zu sehen. Das Revier des Birkhuhns ist der Mischwald, Birken, mooriger Untergrund, hohes Gras. Sowohl das Auerhuhn als auch das Birkhuhn sind Bodenbrüter; die Nester, flache Mulden im hohen Gras, an Baumstümpfen auch, werden allein von den Hennen geflochten. Vom Birkhuhn werden sieben bis zwölf Eier, vom Auerhuhn fünf bis acht gelegt. Brutzeit: etwa vier Wochen. Daß ein solches Nest für Krähen, Elstern, Wiesel, Marder und Ratten ein Angebot für den Speisezettel ist, versteht sich. Schon immer ging mehr als die Hälfte der Brut verloren – auf natürliche Weise. Doch seit dem Menschen einfiel, nach seinem Verständnis die Natur nutzbar zu machen und zu ordnen, haben die wilden Hühner auf dem Felde und im Walde kaum noch eine Chance, das nächste Jahrtausend zu erreichen. Und alle Bemühungen, Auerwild und Birkhuhn durch Aufzucht in Volieren in den Wäldern wieder heimisch zu machen, werden vergeblich sein, solange es nicht gelingt, den Lebensraum dieser Hühnervögel großräumig zu sichern.

Der Kauz

Rare Käuze

Wenn der Storch ausbleibt oder die Zahl der Schwalben sich drastisch verringert, dann ist das für jedermann, zumindest auf dem Lande, wahrnehmbar. Verschwinden hingegen die »Nachtvögel«, die Uhus, die Eulen und die Kauze, dann bleibt das weitgehend unbemerkt. Obwohl wir heute über ihr Leben und Verhalten mehr wissen, als sich selbst Ornithologen noch vor fünfzig Jahren erträumen konnten, ist die Überlebenschance der Nachtvögel geringer als je zuvor. Die Bezeichnung »Nachtvögel« ist ein bißchen irreführend, denn etliche von ihnen, wie der Steinkauz oder die Waldohreule, zeigen sich auch am Tage. Über den Waldkauz schrieb Brehm: »Er weiß sich auch am hellen Mittag so vortrefflich zu benehmen … daß ich ihn nie habe erlegen können.« Auf Uhus, Eulen und Käuze zu schießen, sie zu fangen oder ihre Nester auszunehmen, ist in der Bundesrepublik verboten.

Die Eulen sind eine weit verbreitete Vogelfamilie, mehr als zweihundert Arten sind bekannt, von denen ein gutes halbes Dutzend in Mitteleuropa zu Hause sind. Den Uhu, den vom Aussterben bedrohten größten der Nachtvögel, versucht man hier und da, zum Beispiel in der Eifel, wieder einzubürgern, was aber schwierig ist. Ein Pärchen, großgezogen in einem zoologischen Garten und ausgesetzt in einem Wald, in dem ich mich auskenne, ist nach drei Jahren wieder verschwunden.

Der Waldkauz ist nach dem Uhu, der bis zu 80 Zentimeter groß wird und dessen Flügelspanne 1,70 Meter beträgt, der größte Eulenvogel in unseren Wäldern. Er wird bis zu 48 Zentimeter groß, und seine Flügelspanne ist fast ein Meter. Sein langgezogenes »Huhuhuhuhu« hörte ich noch vor sechs Jahren des Nachts vom nahen Waldrand herüber. Ende Februar, Anfang März begann er zu rufen. Oft schien es, als seien es zwei oder drei Vögel, die da auf Brautschau waren. Inzwischen ist der Waldkauz verstummt.

Es gibt noch immer alte Bäume im Wald, also auch Höhlen, in denen er brüten kann, auch Krähennester, die er annimmt. Notfalls scharrt er sein Nest auch am Boden zusammen, aber Bodenbrüter haben es schwer in unserem Lande, wo jeder zweite »Naturfreund« seinen Hund im Wald und auf der Heide frei laufen läßt.

Der Waldkauz greift wie der Habicht und wie der Rotkopfwürger auch einen Menschen an, wenn der sein Brutgeschäft stört. Auch dadurch ist seine Chance zu überleben zweifellos verringert. Der Waldkauz schlägt Mäuse, ernährt sich aber auch von Kleingetier, von Singvögeln und Käfern. Die Chemikalien auf Feldern und Wiesen und auch in den Wäldern reduzieren das Nahrungsangebot, überdies dürften Pestizide in der Nahrungskette manche Brut schon im Ei zerstören.

Auch der Steinkauz, ein kleiner Bruder des Waldkauzes, steht auf der Liste der in ihrem Bestand bedrohten Vögel. Etwa so groß wie ein Buntspecht, nistet er in Obstplantagen, allerdings muß es da alte Bäume mit Astlöchern geben, Spalierobst ist nicht sein Revier. Er nimmt aber auch künstliche Nisthöhlen, Mauernischen und geschützte Ecken auf Dachböden an. Auch er, Minervas Vogel, ernährt sich von Mäusen, Käfern, Heuschrecken, Kleinvögeln und Reptilien. Im Gegensatz zu anderen Eulenvögeln legt er sich für Notzeiten einen Vorrat an, so versteckt er in dunklen Löchern geschlagene Mäuse und anderes Getier.

Viele Jahre war ein Steinkauz mein »Obermieter«. An naßkalten Novembertagen saß er auf dem Dach und wärmte sich am Kamin. Ob es über die Jahre hinweg

immer derselbe Vogel war, weiß ich nicht. Wenn er in der Dunkelheit unverhofft sein »Kiwitt, kiwitt, kiwitt« mit einem heulenden Unterton schrie, erschrak man schon. Für ihn, von dem man sagt, daß er in einer lebenslänglichen Ehe lebt, ist es der Balzruf; doch für die Menschen wurde er dadurch zum »Totenvogel«, denn jahrhundertealter Aberglaube bezichtigt ihn, mit diesem Schrei Lebende ins Totenreich abzurufen. Die Furchtsamen können sich beruhigen; nur noch selten ruft ein Käuzchen. Auch auf meinem Dach sitzt schon seit Jahren keines mehr.
Leider haben die Eulen viele Feinde, schrieb Brehm, und er bedauerte, daß auch der Mensch dazugehört. Zu befürchten ist, daß Waldkauz, Steinkauz und Sperlingskauz, der in Deutschland nie sehr verbreitet war, daß Sumpfrohr-, Schleier- und Waldohreule das gleiche Schicksal erleiden wie der Uhu, nämlich nur noch in zählbaren Exemplaren vorzukommen. In einem Garten, nahe am Rhein, bei Düsseldorf, waren im letzten Winter sieben Waldohreulen zu Gast. Im Geäst eines alten Baumes saßen sie wie Statuen. Ein Zeichen der Hoffnung? Brehm sagt: »Der Kauz verdient die Zuneigung des Menschen; wer ihn kennt, begreift, daß die Griechen in ihm den Lieblingsvogel einer klugen Göttin sehen konnten.«

Der Kreuzschnabel

Zigeuner im Schnee

Alle Vögel hierzulande brüten im Frühjahr und in den ersten Sommermonaten, er nicht – und Morgensterns These, »... weil nicht sein kann, was nicht sein darf«, mißachtet er gründlich: der Kreuzschnabel. Er baut sein Nest im Winter, sei er auch noch so kalt und schneereich, und er füttert seine Jungen bei Eisregen und Schneesturm. In Deutschland brüten zwei Arten, der Fichtenkreuzschnabel, er ist häufiger, und der Kiefernkreuzschnabel. Der Fichtenkreuzschnabel ist etwa so groß wie der Dompfaff, der Kiefernkreuzschnabel wie der Kernbeißer. Das Gefieder der Männchen ist überwiegend leuchtend rot, wobei das Rot des größeren Kiefernkreuzschnabels kräftiger ist; die Weibchen sind grünlich-braun mit grüngelben Federsäumen und an der Unterseite von hellem Grau.

Die Trivialnamen reichen von Tannenpapagei über Kriwitz bis zum Krumbschnabel, wie er bei Hans Sachs in seiner Beschreibung der Vögel im Jahre 1531 heißt.

Die Kreuzschnäbel gehören zu den Finkenvögeln, doch unterscheiden sie sich von allen andern Finken durch ihren starken, in den Spitzen gekreuzten Schnabel, wobei der untere Schnabel breiter ist als der obere. Die hakenähnlichen Spitzen sind nach unten und nach oben gebogen, bei manchen Vögeln nach links, bei anderen nach rechts, ein System ist in dieser unterschiedlichen Ausbildung aber nicht auszumachen, etwa nach Geschlechtern. Dieser gekreuzte Schnabel ermöglicht es den Vögeln, die zusätzlich mit starken Zehen ausgestattet sind, so daß sie turnen und klettern können wie Sittiche, sich an die noch geschlossenen Fichten- und Kiefernzapfen zu hängen, sie aufzubiegen und so die Samen herauszupicken.

Kreuzschnäbel sind Strichvögel. Sie sind vor allem in Nordeuropa zu Hause, dort wo es große Nadelwälder gibt. In Trupps streichen sie umher und bleiben dort, wo sie einen reich gedeckten Tisch finden, wo Tannen, Fichten, Lärchen und Kiefern voller Zapfen hängen. Die Trupps können zu Schwärmen werden mit vielen hundert Vögeln, und wenn nach einem trockenen Sommer in Skandinavien – oder aus welchen Gründen auch immer – in den Nadelgehölzen der nordischen Länder die Nahrung knapp wird, zieht der Fichtenkreuzschnabel (er vor allem) nach Mitteleuropa, bis in den Schwarzwald und in die Wälder am Alpenrand. Er folgt dem Nahrungsangebot, und deshalb ist sein Erscheinen bei uns niemals regelmäßig. Oft bleiben sie über Jahre hinweg aus, um dann in einem Winter einen Nadelwald wieder zu Hunderten zu bevölkern. Sie »zigeunern«, weshalb Brehm sie ein Zigeunervolk genannt hat.

Unterscheidet sich der Kreuzschnabel schon durch seinen anders geformten Schnabel von allen anderen Vögeln, so ist auch seine Lebensweise mit der anderer Finkenvögel – zu deren Familie er ja gehört – nicht vergleichbar.

Wie ein fliegender Händler also, der seinen Stand dort aufbaut, wo das Geschäft etwas herzugeben verspricht, so wird der Kreuzschnabel für ein paar Monate dort heimisch, wo er einen reichen Vorrat an Nahrung ausgekundschaftet hat. Und dies unabhängig von der Jahreszeit. So baut er denn sein Nest mitten im Winter und zieht in der kaltesten Zeit des Jahres seine Brut hoch. Dieses Nest, beim Fichtenkreuzschnabel immer hoch in den Fichten oder Tannen und meist nah am Stamm gebaut, ist dicht geflochten, mehrere Zentimeter dick und innen gut ausgepolstert. Es ist gewissermaßen isoliert. Im Nest liegen drei, manchmal vier Eier, die allein vom Weibchen in 14 bis

16 Tagen ausgebrütet werden. Während der Brut wird das Weibchen vom Männchen gefüttert, ausschließlich mit Samen der Nadelhölzer. Verließe das Weibchen das Nest auch nur kurze Zeit, würden die Eier auskühlen. Es gibt aber auch Bruten bis in den Mai hinein, und im Frühjahr stehen auf dem Speisezettel der Kreuzschnäbel auch Insekten, vor allem wohl Blattläuse.

Ein so auffallender Vogel, zumal er nicht wie die Schwalbe, die Lerche oder die Bachstelze stets an seinen Nistplatz zurückkehrt, hat die Phantasie der Menschen seit je beschäftigt. So galt es denn als sicher, daß er, wenn er nach jahrelanger Abwesenheit zurückkehrte, Pest, Krieg und Teuerung ins Land brächte. In den Stuben der Waldarbeiter wurde er in Käfigen gehalten. Wurde jemand in der Sippe krank, legte man ihm einen Kreuzschnabel ins Bett, sich davon Heilung versprechend. Für den Vogel bedeutete dieses nächtliche Abenteuer in der Regel den Tod. Sein gekreuzter Schnabel hat ihn zum Wappenvogel der Schmiede werden lassen, denn, so hieß es, er sei zu Christus am Kreuz geflogen und habe versucht, die Nägel aus den Händen und Füßen des Gekreuzigten zu ziehen. Deshalb der »verbogene« Schnabel.

Und auch noch eine Legende: Der tote Kreuzschnabel unterscheidet sich von allen anderen seiner Finkenfamilie. Er verwest nicht, er trocknet ein, wird zur Mumie, weil er sich sein Leben lang von harzigen Samen ernährt hat, so daß er schon zu Lebzeiten balsamiert war.

Die Jäger

Der Sperber

Feind der Kleinen

Vögel, die Körner fressen oder Fliegen, Raupen und anderes Ungeziefer, gelten als nützlich. Überdies sind die meisten von ihnen auch noch hübsch anzusehen und mit ihren Trillern und melodischen Gesängen für uns der Inbegriff des Harmonischen in der Natur. Aber es hilft nichts: Vom Finken über die Meisen, die Grasmücken und Rotkehlchen bis hin zur Singdrossel sind alle diese kleinen Vögel auch Beutetiere. Für den Sperber ist ein Rotkehlchen, was für Rotkehlchen Ameisen sind: Nahrungsangebot.

Noch immer ist es üblich, den Greifvogel einen Raubvogel zu nennen. Der kleinste Greifvogel in Deutschland, der am Tage auf Jagd geht, ist der Sperber. In der Regel an Waldrändern oder in dichtem Stangengehölz horstend, hat er als Jagdrevier die offene Flur. Im Winter allerdings kommt er bis in die Vorgärten am Stadtrand. Kam er, muß man eigentlich sagen, denn der Bestand an Sperbern hat sich in der Bundesrepublik in den letzten 20 Jahren um etwa 60 bis 80 Prozent verringert. Nicht die Verfolgung durch den Menschen, sondern die durch Chemikalien auf den Feldern vergiftete Nahrung ist für den Sperber, der auch Mäuse jagt, zur größten Bedrohung geworden.

Der Sperber ist sowohl Zug- als auch Strich- und Standvogel. Im Winter überwiegen bei uns die Gäste aus Nord- und Osteuropa, aber auch dort hat sich der Bestand drastisch verringert. Mit einer Flügelspanne bis zu 24 Zentimetern und einem Gewicht bis zu 300 Gramm ist das Sperberweibchen um rund ein Drittel größer als das Männchen und fast doppelt so schwer. Im Horst sind Männchen und Weibchen unschwer voneinander zu unterscheiden; sieht man sie im pfeilschnellen Beuteflug, muß man aber schon ein geübtes Auge haben, um zu erkennen, um welchen Vogel es sich handelt. Offensichtlich ist das größere Weibchen angriffslustiger und scheut, vor allem im Winter, die Nähe des Menschen weniger.

Meinen ersten Sperber erlebte ich an einem glühheißen Sommertag am Rande eines Kiefernwaldes in der Mark Brandenburg. Im Fluge schlug er einen kleinen

Vogel, der gräßlich schrie, ehe er verstummte. Vermutlich war es ein Grünfink, denn von zwei Schwungfedern, die ich fand, war eine gelb. Seit vier Jahren nun ist, vom Spätherbst bis zum März, ein Sperber zu Gast in meinem Garten, wahrscheinlich ein Weibchen. An manchen Tagen macht es drei bis vier Kontrollflüge. Und wenn bis dahin an den beiden Futterhäusern, die geschützt von dichten Fichten und von einer Weißdornhecke stehen, reges Leben war – sobald der Sperber erspäht ist, herrscht Ruhe. Für die nächste halbe Stunde läßt sich – mit Ausnahme von Dompfaffen und Blaumeisen – am Futterplatz kein Gefiederter sehen. Meist sind es Amseln, die frühzeitig durch lautes Rufen und Schäckern warnen. Ein Buchfink, der bei Sonnenlicht gegen ein großes Fenster geflogen war, saß etwas benommen im Schnee. Ich ging hinaus, um zu sehen, ob er sich ernsthaft verletzt hatte, doch als ich mich bückte, schoß ein Sperber heran und nahm, 30 Zentimeter entfernt von mir, den Buchfink in seine Fänge, flog etwa zehn Meter weit, setzte sich ganz kurz, offenbar, um das Vögelchen fester zu greifen – und flog davon.

Den sogenannten Rupfbaum, das ist der Platz, an dem der Sperber die Beute kröpft, habe ich bisher nicht entdecken können. Vermutlich ist er im nahen Wald. Aber an Federn, die ich von Oktober bis März in meinem Garten fand, war nachzurechnen, daß der Greifvogel etwa ein dutzendmal erfolgreich war. Buchfinken, Bergfinken, Goldammern, Dompfaffen und Grünfinken waren die Beute. Keine Meise, was darauf schließen läßt, daß sie schnell reagieren, und kein Sperling, was nicht erstaunlich ist, denn sie sind ganz seltene Gäste.

Im dritten Buch Moses wird der Sperber zu den zu verabscheuenden Vögeln gezählt. Den alten Ägyptern wiederum war er heilig. In Grabkammern hat man mumifizierte Sperber gefunden. Brehm schreibt nüchtern: »Der Sperber ist der fürchterlichste Feind aller kleinen Vögel, vom Rebhuhn bis zum Goldhähnchen scheint kein Vogel vor seinen Angriffen gesichert zu sein.« Das ist sicherlich richtig, und wenn man liest, daß ein Sperberpärchen im Jahr bis zu 1000 Kleinvögel erlegt, dann ist das auf den ersten Blick erschreckend. Eine nach sorgsamen Beobachtungen erstellte Liste nennt als Beutevögel an erster Stelle den Sperling, dann Buchfink und Singdrossel, Feldlerche, Goldammer und Kohlmeise. Das galt Mitte der siebziger Jahre für Beobachtungsgebiete in der Bundesrepublik und in der DDR. Auf der Liste finden sich fast alle Singvögel, abgestuft jeweils nach Landschaft und Artenreichtum. Fast die Hälfte der erbeuteten Tiere waren Jungvögel.

Im Winter sind in manchen Gegenden Feld- und Spitzmäuse die Hauptnahrung der Sperber. Ins Reich der Legende gehört, daß der Sperber Junghasen, Fasane oder sogar Rehkitze schlägt. Jägerlatein. Ganz selten einmal, daß der knapp 200 Gramm schwere Vogel eine um mindestens das Anderthalbfache schwerere Taube schlägt, was ja wegen der explo-

sionsartigen Vermehrung hierzulande durchaus wünschenswert wäre.
Im unzerstörten Haushalt der Natur hatte der Sperber seinen Platz. Heute gehört er zu den in ihrem Bestand gefährdeten Arten. Und dort, wo es ihn noch gibt, ist er ungeliebt wie eh und je, denn er macht Jagd auf alle die, die einen Garten, wenn es darin Bäume und dichte Hecken gibt, in eine »Freiland-Voliere« verwandeln. Das stört die Harmonie. Doch nur bei sehr vordergründiger Betrachtung. Wer je einen jagenden Sperber gesehen hat, kapituliert angesichts der Eleganz und der Majestät dieses Vogels.

Der Habicht

Immer der Schuldige

Bussarde schlagen Mäuse, das ist nützlich und gut; der Habicht, früher auf dem Lande auch Hühnerhabicht genannt, schlägt vor allem »Federvieh«, also nicht nur das Haushuhn, sondern auch das Birkhuhn, das Rebhuhn, den Fasan und Tauben. Daß er auch der Feind von Elstern und Krähen ist, wird darüber meist vergessen.

Raubvogel oder Greifvogel? – Hier ist, wenn es um den Habicht geht, nicht Semantik gefragt, sondern Ideologie. Für Jäger ist er ein »Mordvogel«, Brehm hat ihn einen »Fangvogel« genannt. Der Habicht mordet nicht, er schlägt nicht mehr, als er braucht, um leben und um die Brut aufziehen zu können. Nicht ihm ist der Vorwurf zu machen, daß die Natur ins Ungleichgewicht geraten ist. Wer heute Birkhühner aussetzt in der Hoffnung, in fünf Jahren auf Birkhuhnjagd gehen zu können, sollte nicht auf den Habicht, der den Bestand reduziert, schießen, sondern sich dafür einsetzen, daß auch für Birkhühner und für Rebhühner weitflächigere Lebensräume geschaffen werden, als es heute der Fall ist.

Der Habicht ist in ganz Europa, ausgenommen England, anzutreffen; er ist etwas kleiner als der Mäusebussard: ein graubrauner Vogel, auf der Unterseite weiß, die Brust ist gefleckt, wie beim kleineren Sperber. Sein Gewicht: das Männchen um 800 Gramm, das Weibchen etwa 1000 Gramm. Der Habicht nistet an Waldrändern und ist ein Strichvogel, das heißt, die in Deutschland brütenden Paare ziehen nach Süden und westwärts, während Habichte aus Skandinavien, wenn es nicht zu frostig ist, in Deutschland überwintern.

Geliebt wurde dieser stolze Vogel nie. Auch heute gibt es eine Lobby gegen den Habicht, deren Argumente sich allerdings mehr auf Legenden als auf Beweise stützen. So soll vor allem der Habicht daran schuld sein, daß es immer weniger Niederwild gibt. Dem widerspricht eine Reihe von exakten Untersuchungsergebnissen in den letzten 20 Jahren. Danach sind Tauben, Eichelhäher, Elstern, Krähen und Amseln mit

mehr als 80 Prozent die Beutetiere des Habichts. Darunter auch Tauben von Züchtern, also Brieftauben. Junghasen, Kaninchen und Hühner, vom Haushuhn bis zum Fasan, stellen ein Zehntel der Beutetiere. Natürlich gibt es, landschaftlich bedingt, Verschiebungen in der Rangfolge der Beutetiere, doch zu den Legenden gehört, daß der Habicht ganze Hühnerhöfe ausgelöscht habe. Eine Erklärung dafür, daß der Habicht einen so schlechten Ruf hat, dürfte die Jagdweise dieses Vogels sein. Der Berliner Ornithologe Heinroth schreibt: »Ein Habicht ist bei der Jagd durch seinen Körperbau nicht an so viele Bedingungen gebunden wie ein Falke oder ein Adler, von denen viele entweder nur fliegende oder nur sich auf dem Erdboden bewegende Beute schlagen können und die sofort versagen, wenn ihr Opfer eine Dekkung erreicht. Da sich der menschliche Jäger durch die sogenannte Waidgerechtigkeit die Jagd absichtlich erschwert..., so hat er leicht das Gefühl, als wenn der Falke auch aus einer gewissen Waidgerechtigkeit heraus nur den frei dahin fliegenden Vogel jage... Der Gedanke, daß die Jagdweise des Falken nicht auf Edelmut beruht, sondern darauf, daß der Vogel, außer in der freien Luft, überaus ungeschickt ist, berührt den Beobachter unangenehm, weil er dem schneidigen Räuber gern menschliche Beweggründe unterschieben möchte...«
Das ist nicht nur für Vogelfreunde eine typische Versuchung: Das Verhalten eines Vogels wird auf Eigenarten des Menschen übertragen. So gibt es also gut-

mütige Vögel, arglose, eigensinnige, verschlagene und auch heimtückische. Das alles ist Unsinn, aber es hat eine Historie.

Seit ein Habichtspärchen nicht allzuweit von meinem Garten Jahr für Jahr in denselben Waldwinkel zurückkehrt, plündern Elstern und Eichelhäher nicht mehr die Nester der Singvögel. So haben sie den »Haushalt der Natur« in dieser Ecke wieder halbwegs ins Gleichgewicht gebracht, denn Elstern, so meinte schon Naumann, können auch große Gärten veröden.

Der Habicht ist ganzjährig geschützt, aber es gibt Ausnahmen. So darf er in Bayern auf Antrag geschossen werden. In Nordrhein-Westfalen wurden Ende der sechziger Jahre 2000 Habichtpaare gezählt. Skeptiker meinten schon damals, daß es wohl knapp 800 seien. Eine Zahl, die heute als unrealistisch gelten darf. Und wenn man bedenkt, daß von vier Habicht-Jungen nur eines älter wird als ein Jahr, dann ist die Chance für diesen Vogel, auch das nächste Jahrtausend zu erreichen, gering.

Der Mäusebussard

Umschau vom Zaunpfahl

Wenn in Mitteleuropa die Menschen in die Sommerferien fahren, dann beginnt für einen jungen Mäusebussard die Schulzeit. Die Eltern bringen ihm bei, wie man auf Mäusejagd geht und wie man, ohne die Schwingen zu bewegen, sich in große Höhen schraubt und unter dem hohen Himmel segelt. Zusammen mit den Alten ziehen sie ihre Kreise, meist sind es zwei Jungvögel, die angeleitet werden, niemals habe ich drei oder gar vier gesehen, obwohl in manchem Nest vier Eier liegen. Auf ihren lautlosen Flug wird man aufmerksam, wenn sie einander rufen; der Schrei erinnert an das Miauen einer Katze.

Der Mäusebussard ist in ganz Mitteleuropa verbreitet. Mit der Spannweite der Flügel von etwa 75 Zentimeter, der des Weibchens bis zu 80 Zentimeter, gehört der Bussard zu den größeren Greifvögeln. Das Gewicht liegt bei 800 Gramm, das Weibchen ist 100 Gramm schwerer. Beide Geschlechter sind gleich gefiedert, allerdings sind die Bussarde sehr unterschiedlich gefärbt. Bei Brehm heißt es: »Einzelne sind gleichmäßig schwarz-braun, andere braun auf der Oberseite, Brust und Schenkel, sonst aber auch auf licht-braun grauem Grunde quer gefleckt, andere bis auf den Schwanz längsgestreift usw.« Doch nur Laien verwechseln den Mäusebussard mit anderen Greifvögeln, etwa mit dem Habicht oder dem Wanderfalken. Zwar sind alle drei ungefähr gleich groß, doch schon das Flugbild eines jeden ist anders, und überdies unterscheiden sie sich in Verhalten. Habicht und Falke sind, vereinfacht gesagt, immer auf der Jagd, der Bussard hält Ausschau. Er sitzt auf niederen Bäumen am Waldrand, häufiger aber auf einzeln stehenden im Felde oder auf den Wiesen, auch auf Zaunpfählen und beobachtet, ob sich auf Feld und Wiese etwas bewegt.

Seinen Horst baut der Bussard auf hohen Bäumen im Wald oder nahe am Waldrand und fast immer dicht am Stamm. Er bevorzugt Fichten, horstet aber auch auf Laubbäumen. Oft sind es Krähennester des Vorjahrs, die zum Horst erweitert werden, aber auch alte

Horste werden erneuert. Die Nestmulde ist mit Reisern, Moos und Haaren weich gepolstert. Im März schon, spätestens im April liegen drei, manchmal sogar vier weiße, unregelmäßig rötlich-braun gesprenkelte Eier im Nest. 30 Tage lang brütet vor allem das Weibchen. Wenn die Jungen geschlüpft sind, bleiben sie noch gut sechs Wochen im Horst und werden überwiegend vom Männchen mit Mäusen gefüttert. Zur Beute gehören aber auch Frösche, Schlangen, Eidechsen, große Käfer, und gelegentlich werden auch Junghasen, Rebhühner und vielleicht auch ein junger Fasan geschlagen, doch das ist die Ausnahme. Und Aasfresser sind die Mäusebussarde wohl nur in Notzeiten. Notzeit, das ist ein kalter, schneereicher Winter. Wenn über Wochen Mäuse, Hamster und anderes Kleingetier unter dem Schnee lebt, dann verhungern Bussarde und der Bestand reduziert sich. Der Mäusebussard ist kein Zugvogel, wohl aber, wenn das Nahrungsangebot knapp wird, ein Strichvogel. Und Vögel aus schneereichen Gegenden, aus Südskandinavien und Nordosteuropa, überwintern bei uns und weiter westlich.

Die Einsicht, daß der Mäusebussard zu den nützlichen Vögeln gehört, ist noch immer begrenzt. Schon 1908 ist in Deutschland ein Reichsvogelschutzgesetz erlassen worden, in dem der Mäusebussard der Nachtigall gleichgestellt wurde, beide durften nicht bejagt werden. In unseren Tagen hat eine EG-Richtlinie den Schutz und die Schonung der Greifvögel festgeschrieben, doch Ausnahmeregelungen sind erlaubt und so sollen 1988 allein in Bayern fast 1000 Bussarde abgeschossen worden sein – und dies, weil es immer noch Jäger, Bauern und Taubenzüchter gibt, die meinen, daß es der Bussard ist, der Niederwild, also Rebhuhn, Fasan und Junghasen nicht aufkommen läßt. Eine Legende, aber eine unausrottbare offenbar. Und noch immer soll es vorkommen, daß in freistehenden Bäumen, die dem Bussard als Ansitz dienen, scharfgeschliffene Sensen mit der Schneide nach oben befestigt werden. Setzt sich ein Bussard darauf, zerschneidet er sich die Sehnen seiner Füße; er kann nicht mehr greifen, keine Beute schlagen und muß verhungern. Viele Untersuchungen haben ergeben, daß die Nahrung des Mäusebussards zu vier Fünftel aus Mäusen besteht. Früher, als es in manchen Jahren eine Mäuseplage gab, haben kluge Bauern auf den Feldern Stangen eingeschlagen, Ansitze für den Bussard. Und so wurde man der Plage auf natürliche Weise Herr. Hier und da soll es das und damit den Verzicht auf die chemische Keule noch immer geben.

Man will beobachtet haben, daß die Greifvögel in den letzten Jahren gegenüber dem Menschen weniger mißtrauisch sind. Ich kann das bestätigen, doch dürfte es wohl nur dort gelten, wo auf sie nicht geschossen wird, wo sie Greif- und nicht »Raubvögel« sind. Am Waldrand gehend kann ich mich einem Bussard, der auf einem Pfahl sitzt, bis auf 20 Meter nähern, ehe er abstreicht. Vermutlich ist es immer derselbe, ein Männchen, wenn ich nicht irre.

In Deutschland gibt es im Winter noch den Rauhfußbussard. Er ist Brutvogel in Nord- und Nordosteuropa. Vom Mäusebussard unterscheidet er sich nur durch die befiederten Füße und einen helleren Schwanz. Der dritte im Bunde ist der Wespenbussard. Er ist ein Zugvogel und überwintert in Afrika. Auch er gleicht in der Größe und im Gefieder dem Mäusebussard. In großen Laubwäldern soll er von Mai an nicht selten sein. Mir war es bisher nicht vergönnt ihn oder den Rauhfußbussard zu sehen. Tröstlich indessen ist, daß der Mäusebussard nicht Gefahr läuft zum »Vogel des Jahres« zu werden; es gab schon lange keine eisigen Winter, die seine Zahl reduzierten, und es gibt wohl auch weniger Schützen, die auf ihn anlegen. Und zu vermuten ist, daß er noch immer mehr gesunde Mäuse greift als solche, die vom Pflanzengift, sprich: Pestizid, genascht haben, denn vergiftete Mäuse vergiften auch sein Gelege und töten seine Brut.

Im Watt und an der Küste

Der Austernfischer

Fischt keine Austern

Man kann sich daran »gar nicht satt sehen«, an dem schönen schwarzweiß gezeichneten Vogel mit roten Beinen und einem langen roten Schnabel. Er ist den Menschen gegenüber ohne Scheu, doch achtet auf Distanz. Er ist gesellig und meist mit Seinesgleichen beisammen, doch während der Brutzeit verteidigt er seinen Bezirk vehement. Der Austernfischer ist treu, denn fast immer dauert die Austernfischerehe ein Leben lang – und der Vogel zählt zu den Langlebigen, man hat schon beringte Vögel gefunden, die älter waren als 30 Jahre. Heimatverbunden ist er auch, denn Jahr für Jahr zieht es ihn zum alten Nistplatz zurück. Sein Nest ist eine flache Mulde im Dünensand, ausgelegt mit Muschelschalen und kleinen Steinen, eine schludrige Strandburg, und wenn er auf dürren Inselwiesen brütet, finden sich darin auch schon einmal ein paar vertrocknete Halme. Der Austernfischer ist an allen Küsten Europas zu Hause, allein in Grönland ist er ein Irrgast. An der Nordseeküste ist er Stand-, Strich- und Zugvogel zugleich. In milden Wintern bleibt ein Teil der Vögel standorttreu, ein größerer Teil wandert nach Südwesten und überwintert an den Küsten Frankreichs und Spaniens, andere ziehen bis nach Afrika. Ausnahmslos auf den Zug gehen die Austernfischer der Ostsee, weil deren Uferzonen im Winter oft eisbedeckt sind.

Wer an der Nordsee von Holland bis Dänemark Urlaub gemacht und keinen Austernfischer gesehen hat, kann nur mit Blindheit geschlagen sein. Seine Welt ist das Watt, sind die Sandbänke, karge Wiesen und die Dünen. Er ist etwas größer als der Kiebitz. Kopf, Hals und die Oberseite sind schwarz gefiedert, Brust und Unterseite sind weiß, Füße und der Schnabel, bei älteren Vögeln auch das Auge, rot. Die Flügelspanne beträgt einen halben Meter, der spitz zulaufende Schnabel ist etwa acht, die Läufe sind um sechs Zentimeter lang. Der Vogel wiegt 500 Gramm, das Weibchen ist etwas leichter, unterscheidet sich im Gefieder und im Aussehen aber überhaupt nicht von dem Männchen, und beide brüten abwechselnd.

Im März, spätestens Anfang April, sind auch die Zugvögel zurück; es ist Paarungszeit. Die Brutzeit beginnt Mitte April und dauert vier Wochen. Im Nest liegen drei knapp hühnereigroße Eier, gelbbraun und dunkel gefleckt. Man will beobachtet haben, daß es Paare gibt, bei denen das Weibchen regelmäßig vier Eier legt, wobei es sich über die Jahre hin immer um dieselben Paare handelt. Werden die Austernfischer im Brutgeschäft gestört oder nahen sich, wenn die Jungen geschlüpft sind, Feinde oder Störenfriede, dann ist ihr Verhalten ähnlich dem der Kiebitze; mit großem Geschrei kreisen sie dicht über dem Boden, fliegen auch Scheinangriffe oder versuchen zu täuschen, so als seien sie verletzt, um damit den Eindringling fortzulocken. Die Jungen sind Nestflüchter und werden von den Alten viele Wochen lang geführt. Geschlechtsreif ist der Austernfischer frühestens mit drei Jahren.

Zum schönen Kleid des Vogels paßt sein Name: »Austernfischer«. Das hat etwas Exklusives, doch es ist hochgestapelt, denn dieser Vogel fischt nicht, er stochert, und in seinem ganzen langen Vogelleben hat er nicht eine einzige Auster geöffnet. Die Austernbänke liegen in tieferem Wasser und ein Tauchvogel ist er ohnehin nicht. Treffender sind da die Trivialnamen: See-Elster, wohl wegen des schwarz-weißen Gefieders, oder See-Schnepfe, wohl wegen des langen Schnabels.

Wenn an der Nordseeküste die Flut in Ebbe umschlägt und bei ablaufendem Wasser die Schlickbänke trocken liegen, dann sind neben Regenpfeifern, Rotschenkeln, den Säbelschnäblern und dem Brachvogel auch die Austernfischer im Watt, an manchen Plätzen zu Hunderten. Ihre Zahl an der deutschen Nordseeküste wird auf 10 000 Paare geschätzt. Sie ist, wie ich glaube, eher höher, aber keineswegs so hoch wie bei Naumann, der vor anderthalb Jahrhunderten von Hunderttausenden sprach.

Allein auf Sylt, von List am Watt entlang über das Rantumer Becken nach Morsum hin und bis Hörnum, beträgt die Zahl der Vögel nach meiner Schätzung heute 2000 oder mehr, allerdings nicht alles Paare. Im März und April sind, wenn es regnet und stürmt, am Ellenbogen und hinter Keitum oft Gruppen bis zu 400 Austernfischern zu sehen, die eng zusammenstehen, alle mit dem Kopf in die Richtung, aus der der Regen kommt, also nach Nordwest. Dann sind sie, deren flötender Ruf um diese Jahreszeit ständig zu hören ist, sowohl in der Luft als auch auf den Wiesen stumm.

Sie fressen Wattwürmer, Schnecken, alles Kleingetier, das sie aus dem Schlick ziehen können. Wenn Sturmfluten das Watt tagelang nicht freigeben, stochern sie mit dem langen Schnabel auch in den Dünen, auf Wiesen und Feldern Würmer aus dem Boden. Allein ein plötzlicher Kälteeinbruch bringt den sicheren Tod. Dann verhungern Hunderte.

Als das Wort »Ölpest« noch unbekannt war, hieß es in einem Jahresbericht der Vogelwarte Hiddensee an der Ostsee aus dem Jahre 1915: »Es kommen die schönen

Vögel im ganzen Küstengebiet auf Inseln und Sanden so gleichmäßig vor wie wenige andere Strandvögel. Und das ist sehr erfreulich. Mit einem reichen Austernfischerbestande erhalten wir uns eines der schönsten und lebhaftesten Elemente, die den Strand und die angrenzenden Grünlande zieren.« – Das trifft auch heute noch zu, aber wird es morgen noch so sein?

Der Rotschenkel

Jodler am Deich

Ende März, Anfang April wird es auf den Wiesen hinter den Deichen, bei Ebbe im Watt und während der Flut an seinen Rändern, laut: Ringelgänse und Austernfischer, Regenpfeifer, Säbelschnäbler, Kiebitze und die Feldlerchen rufen, locken und tirilieren. Am lautesten von allen aber ist der Rotschenkel. Er singt nicht wie die Lerche, doch auch er schwingt sich in die Luft, nicht so hoch wie die Sangesfreudige und auch eher schaukelnd als sich in den Himmel bohrend, und dann hört es sich an, als übe dort oben einer, der es einmal zum Jodler bringen wolle.

Es sind nicht die Berge, die das Echo zurückwerfen, das »Tjüü-tjüü,dji-lüü«, auch nicht die nahen Deiche, es ist, 50 Meter entfernt, ein »Sangesbruder«, ein zweiter Rotschenkel, der mit seinem hellen Ruf das Revier absteckt. Rotschenkel sind reviertreu, und die Männchen, etwa zwei Wochen früher als die Weibchen aus den Winterquartieren rund ums Mittelmeer zurückgekehrt, verteidigen den Nistplatz des Vorjahrs, was nicht heißt, daß das Nest exakt am selben Platz gebaut oder gar das des Vorjahrs – das ohnehin fast nie mehr vorhanden ist – bezogen wird. Es geht um das Revier.

Der Rotschenkel gehört zur großen Familie der Limikolen, zu der neben den Wasserläufern die Regenpfeifer und Schnepfen zählen; mehr als 200 Arten gibt es in der Welt. Einige von ihnen sind kleiner als ein Sperling, so der Zwergstrandläufer, andere, wie der Austernfischer oder der Säbelschnäbler, wiegen bis zu 500 Gramm, und der große Brachvogel, einen halben Meter lang, bringt es gar auf 800 Gramm. Dagegen ist der Rotschenkel, auch Gambett-Wasserläufer oder Tütschnepfe genannt, ein Leichtgewicht. Etwa so groß wie eine Drossel, doch wegen der langen Beine größer wirkend, ist er 130 Gramm schwer. Gut 30 Zentimeter lang, hat er eine Flügelspanne von knapp einem halben Meter.

Das Gefieder ist graubraun, Hals, Brust und Bauch sind längs, der Rücken ist quer gestreift. Die Flügeldecken sind an den Rändern rostbraun, während die Unterseite zum Bürzel hin weiß ist. Auffallend sind die roten Beine, die dem Vogel den Namen gaben. Dennoch ist er leicht zu verwechseln mit dem Dunklen Wasserläufer, der auch rote Beine hat, und selbst mit dem Grünschenkel, der allerdings nicht nur andere »Strümpfe« trägt, sondern auch größer ist und überdies in Deutschland sich nur auf dem Zuge aufhält und nirgendwo nistet.

Die Zahl der heute in Deutschland brütenden Rotschenkelpaare wird auf etwa 20000 geschätzt. Wenn man im Frühjahr von Keitum am Watt entlang nach Morsum-Kliff läuft, ist man überzeugt, wenigstens einem Drittel von ihnen begegnet zu sein. Ob es regnet, der Wind braust oder die Sonne scheint, ständig sind balzende Rotschenkel in der Luft, unentwegt rufend. Es ist schwer erkennbar, ob sie den Rivalen vertreiben oder der Dame ihre Luftakrobatik vorführen wollen. Und wenn sie sich gestört fühlen, kann es passieren, daß sie sich auf einen Pfahl setzen und den Wanderer mit harten »Djik-djik«-Rufen beschimpfen.

Der Rotschenkel ist ein Bodenbrüter, dennoch ist sein Nest keine offene Mulde wie das der Kiebitze oder Austernfischer, sondern ein Versteck. Unter dichtem Gras, manchmal auch in kleinen Erdlöchern, die mit Grasbüscheln überdeckt und mit einem seitlich gelegenen Eingang versehen sind, werden im Gelege drei bis vier birnenförmige Eier von beiden Vögeln ausgebrütet. Es heißt, daß das Männchen des

Nachts brütet. Nach etwa drei Wochen schlüpfen die Jungen.

Einst war der Rotschenkel nicht nur an der Küste zu Hause. Bei Brehm heißt es noch: »Bei uns zulande brütet der Rotschenkel an allen ihm zusagenden Orten..., siedelt sich in der freien Ebene überall an, wo es größere oder viel stehende Gewässer, Brüche und Sümpfe gibt, und nimmt ebensogut an der Seeküste oder an Strom- und Flußufern wie auf nassen Wiesen oder Viehweiden seinen Sommerstand.« Das war einmal. Im Binnenland ist der Rotschenkel zu einem Durchzügler geworden. Und dies nicht nur, weil es kaum noch nasse Wiesen gibt, sondern weil gerade in den Flußniederungen das Angebot an Nahrung für die Wasserläufer, die auf Würmer, Mollusken, Kleintier aller Art angewiesen sind, fast nicht mehr zu finden ist. Und fast immer ist das, was im Schlick noch aufzupicken ist, im Schlick der Flußniederungen vor allem, vergiftet, verseucht.

20000 Paare in Deutschland, und in Holland soll es noch einmal so viele geben, da ist der Bestand nicht bedroht. Und die Eier des Rotschenkels werden, ebenso wie die des Kiebitz, nicht mehr gesammelt und als Delikatesse gehandelt. Anlaß zu hoffen, daß uns der Rotschenkel noch lange erhalten bleibt, wenngleich eine Eigenart dieses Vogels noch bedenklich stimmt.

Da heißt es bei Brehm: »...wenn die jungen Rotschenkel von Feinden bedroht werden, greift das Weibchen, in der Hoffnung sie zu retten, zu den üblichen Verstellungskünsten und bekundet seine Besorgnis durch ängstliches Geschrei, wogegen das Männchen zwar auch lebhaft schreit, seine Sicherheit aber weit seltener als das Weibchen aus dem Auge verliert.«

Der Regenpfeifer

Vorzügliche Flieger

Regenpfeifer am Strand sehen aus, als hätten sie ein Mäntelchen angezogen, um sich vor Regen, Sturm und Wellen zu schützen. An der holländischen Küste wurde ich, vor vielen Jahren, zum erstenmal auf sie aufmerksam. Die Namen waren mir geläufig: Sand-, Fluß- und Seeregenpfeifer. Doch um welche Art es sich handelte, die da bei mäßiger Brandung am Strand, ähnlich einem Ballett, jeweils der zurückflutenden Welle nachlief, um vor der nächsten, sich umdrehend, zurückzuweichen und dann plötzlich wie an-

gewurzelt stehenzubleiben? Es war ein Völkchen von etwa 30 Vögeln.
In Haarlem kaufte ich mir ein Buch über die Vögel der Nordsee, und mit dem Plattdeutschen vertraut, fiel es nicht schwer, den holländischen Text zu lesen. Theoretisch nun vorgebildet, erkannte ich am nächsten Morgen, daß ich es mit Sandregenpfeifern, auch Halsbandregenpfeifer genannt, zu tun hatte.
In Deutschland brüten vier Arten Regenpfeifer, außer den drei erwähnten noch der Goldregenpfeifer, der aber nur noch in wenigen Exemplaren in Ostfriesland. Als Brutvogel werden auch die drei anderen immer seltenere Gäste. Der Sandregenpfeifer ist knapp amselgroß, das Gefieder ist blaßbraun, in den Flügelspitzen rötlich-gelb, die Unterseite ist weiß, und um den Hals trägt er, wie zwei Ringe, ein weißes und ein schwarzes Band. Auch die Stirn ist weiß und schwarz gezeichnet. Der Sandregenpfeifer ist ein Vogel der nördlichen Erdhalbkugel, seine südlichsten Brutplätze sind an der Küste Nordfrankreichs. Die Paare bleiben lebenslang einander verbunden, und sofern sie ungestört bleiben, kehren sie stets zu denselben Brutplätzen zurück. Das Nest ist eine am steinigen Strand oder in meernaher Heide gescharrte Mulde. Die drei oder vier Eier werden von der zweiten Aprilhälfte an von beiden Eltern bebrütet. Nach gut drei Wochen schlüpfen die Jungen, es sind Nestflüchter, die wiederum nach etwa vier Wochen flugfähig sind. Die Jungen werden von den Alten geführt und mit Insekten, Würmern und all dem Kleingetier, das am Strand

zu finden und aufzupicken ist, gefüttert. Den großen Augen und dem »Pickschnabel«, wie der kurze, starke Schnabel von Heinroth genannt wurde, entgeht nichts, was freßbar ist. In der Regel brütet der Sandregenpfeifer als einziger der Familie zweimal im Jahr. Die bei uns brütenden Vögel ziehen oft erst im Spätherbst in die Überwinterungsgebiete an die westliche Atlantikküste bis hin zu den Stränden Afrikas.
Wenn der Sandregenpfeifer von Nordfrankreich bis hoch nach Norwegen brütet, so geht der Seeregenpfeifer nur bis zur nördlichen Spitze Jütlands. Er ist kleiner als der Sandregenpfeifer, dennoch schwer von ihm zu unterscheiden; zwar fehlt ihm das Halsband, doch sonst ist das Gefieder fast gleich gefärbt, nur: Die Beine des Seeregenpfeifers sind schwarz, die seines größeren Vetters orange. Nestmulde, Brutdauer und Aufzucht der Jungen sind einander identisch, allerdings liegen im Nest des Seeregenpfeifers nie mehr als drei Eier, und es gibt auch nur eine Brut im Jahr. Regenpfeifer sind vorzügliche Flieger, die ohne Aufenthalt große Entfernungen zurücklegen können. Sein Winterquartier hat der Seeregenpfeifer im südlichen Afrika.
Der Flußregenpfeifer ist etwas zierlicher als der Sandregenpfeifer, ihm sonst aber sehr ähnlich, einschließlich des Halsbandes – doch an der Küste ist er nur selten zu sehen, er bevorzugt Binnenseen, Sand- und Kiesgruben. An schwedischen Seen ist er oft, wenn auch nie in großer Zahl, zu sehen, auch im Hamburger Umland, elbauf- und elbabwärts ist er anzutreffen.

Der schönste Regenpfeifer ist der Goldregenpfeifer. In Deutschland ist er, bis auf wenige Exemplare, nur noch Durchzugsgast. An der Elbe ist er als Brutvogel seit der Jahrhundertwende verschwunden, ebenso am Niederrhein, zuvor war er in Norddeutschland weit verbreitet, doch mit der Trockenlegung der Moore nahm man ihm den Lebensraum. Etwa so groß wie der Kiebitz ist der Goldregenpfeifer im Frühjahr ein schwarz-gold gestreifter und gesprenkelter Vogel. Auf dem Zuge von der Atlantikküste nach den Tundren des Nordens macht er, ähnlich wie die Ringelgänse, Station an der deutschen Nordseeküste. Im März und April sind dann Schwärme von oft mehreren hundert Vögeln auf der Wattseite der nordfriesischen Inseln zu sehen. Wenn sie im Herbst in ihre Winterquartiere zurückkehren, geschieht das eher unbemerkt.

Es begann im 18. Jahrhundert, daß in Deutschland die Moore trockengelegt, kultiviert wurden, wie man es nannte. Das war notwendig, denn die wachsende Zahl der Menschen brauchte Weideland für das Vieh und Torf, um die Stube zu heizen, um eine Suppe kochen zu können. Der Goldregenpfeifer mußte emigrieren. Die Menschen wurden reicher, die Natur ärmer. Ein unaufhaltsamer Prozeß – auch heute noch?

Der Säbelschnäbler

Zierde des Strandes

Es war die Farbenpracht exotischer Vögel, die die Augen der Entdecker ferner Kontinente blendete, doch kann ein Federkleid farbenprächtiger und kontrastreicher sein als das des Eisvogels oder des Dompfaffs, die bei uns zu Hause sind? Und wenn es um die Anmut der Gefiederten geht, dann ist der Säbelschnäbler dem Kakadu allemal überlegen, und schön ist er außerdem.

An der deutschen Nordseeküste gehört der Säbelschnäbler zu den wenigen Brutvögeln, deren Zahl sich

– seit etwa 15 Jahren – wieder vermehrt. Vogelschutz und die Ausweitung der Vogelschutzgebiete haben zweifellos dazu beigetragen. Doch es scheint, daß die Populationen Schwankungen unterworfen sind, deren Ursache nicht allein von besseren Bedingungen, also von Schutzzonen, abhängig ist. So war 1910 an der Ostsee auf Hiddensee noch kein brütendes Säbelschnäblerpaar gesichtet worden, zwei Jahre später waren es 15, und wieder zwei Jahre später zählte man im Spätsommer schon mehr als 100 Vögel. Zur selben Zeit soll es an der Nordsee nur noch wenige Säbelschnäblerpaare gegeben haben, in den zwanziger Jahren waren es weniger als 100, die meisten davon auf der Halbinsel Eiderstedt.

Der Säbelschnäbler, der im Volksmund auch Krumm- oder Wasserschnabel heißt, ist gut kiebitzgroß, hat aber längere Beine und einen langen, nach oben gebogenen Schnabel, was ihn größer erscheinen läßt, als er ist. Kopf, Nacken und ein Teil der Flügel sind schwarz, die Beine, mit zehn Zentimetern etwa so lang wie der Schnabel, sind blaugrau, der Schnabel ist schwarz. Wenn alle diese Merkmale ihn als einen Wattvogel ausweisen, so täuscht das, Schwimmhäute an seinen Zehen machen ihn auch zu einem Schwimmvogel.

Brehm meint, der Säbelschnäbler gehöre zu den Seevögeln, die jedermann auffallen müssen, weil sie eine wahre Zierde des Strandes seien. Am Strand habe ich diesen aparten Vogel nie gesehen, wohl aber im Watt, wenn die Flut zurückgeht und er im Verein mit Enten,

Brandgänsen, Möwen, Strandläufern und dem Brachvogel auf Nahrungssuche geht. Er stochert nicht nach Kleinlebewesen, sondern er fischt im flachen Wasser und im Schlamm mit seinem gebogenen Schnabel, dabei den Kopf hin und her bewegend, Schnecken, Würmer, Krabben, Krebse und was sich sonst an Kleingetier im ablaufenden Wasser und im Schlick findet.

Recht hat Brehm, wenn er schreibt: »Der Säbelschnäbler ist überall scheu und flieht den Menschen unter allen Umständen.« Das ist bis heute so. Man muß schon ein gutes Glas haben, wenn man diesen Vogel über längere Zeit beobachten will. Nähert man sich dem Nest – meist eine Mulde, die mit Halmen spärlich ausgelegt und stets nahe am Wasser gebaut wird und in der Ende April, Anfang Mai drei bis vier gesprenkelte Eier liegen –, dann versucht das Elternpaar, mit lauten Rufen den Eindringling zu verscheuchen oder ihn abzulenken, ähnlich dem Kiebitz.

Die Jungen schlüpfen nach etwa drei Wochen. Sie sind Nestflüchter und werden von den Eltern so lange geführt und gefüttert, bis ihr Schnabel lang und stark genug ist, um den Schlamm »durchsäbeln« zu können. Säbelschnäbler sind, wenn sie ungestört bleiben, standorttreu; sie kehren stets zum alten Brutplatz zurück. Meist ist es eine kleine Kolonie, in der sie brüten. Nicht selten aber wird die Brut einer ganzen Kolonie zerstört, weniger durch Feinde als durch die Flut.

Meine Beobachtungen des Säbelschnäblers beschränken sich auf das Rantum-Becken auf Sylt und auf Gelege in den Marschwiesen nahe Dagebüll. Von Freunden weiß ich, daß sich der Bestand auf Nordstrand in den letzten Jahren vergrößert hat und daß der Säbelschnäbler auf einigen Halligen und auf den Nordseeinseln wieder Brutvogel ist. Vor 30 Jahren war er das auch an der Niederelbe bis hin zum Pagensand, nahe Hamburg.

Im jüngsten Umweltbericht der Landesregierung von Nordrhein-Westfalen zählt der Säbelschnäbler zu den Durchzüglern, deren Zahl sich vermehrt hat. Der Säbelschnäbler ist ein Zugvogel, der bis nach Afrika zieht, bei mildem Wetter aber auch schon an den Küsten Westeuropas überwintert. Auch an salzhaltigen Gewässern im Binnenland ist er anzutreffen. Am 17. April 1904 hat der Realschullehrer Alwin Voigt an den Ausstichteichen in der Nähe von Leipzig einen Säbelschnäbler beobachtet. Elbe, Weser, Rhein und die meisten Nebenflüsse sind seither salzhaltiger geworden, doch es ist wohl eine Salzmischung, die Säbelschnäbler nicht zum Bleiben veranlaßt.

Ein schöner, ein aparter Vogel. In Ostfriesland soll es wieder mehr als 1000 Brutpaare geben, mithin ein Vogel, der sich aus der roten Liste verabschiedet hat. Eine Ermutigung für alle, die entschlossen sind, den Gefiederten beizustehen.

Gänse

Schatten auf den Dünen

Anfangs war es ein Volk von 14 bis 18 Vögeln, das laut rufend und mit schnellem Flügelschlag, als hätte es Mühe, die Wipfel der Fichten und Birken zu überwinden, nahe dem Ufer in den See einfiel. Es war Ende September, und es waren Kanadagänse, Vögel, die im hohen Norden gebrütet hatten, am Polarkreis, in der Tundra, und die nun hier, im südlichen Schweden, zum erstenmal auf Menschen trafen. Mit dem Boot konnte man sich ihnen bis auf fünf Meter nähern. Sie flogen nicht davon, sonden hielten schwimmend Distanz. Arglos und neugierig zugleich, wie es schien. Zehn Jahre später schwebten 80 oder 100 dem See zu. Manchmal teilten sie sich in zwei Gruppen, doch näher als etwa 50 Meter kam man mit dem Boot an die Vögel nicht heran. Wie alle Gänse stellten auch sie Wachen auf, alte Gänseriche, die auf dem See den Kurs bestimmten und, wenn es ihnen geboten schien, mit kurzen Schreien aufforderten davonzufliegen. Aus zutraulichen waren vorsichtige Vögel geworden.

Für mich ist die Kanadagans ein schöner Vogel. Im 17. Jahrhundert ist sie als Ziervogel nach England eingeführt worden. Ob ihre Verbreitung im nördlichen Europa aber allein auf diese frühen »Importe« zurückzuführen ist, erscheint mir zweifelhaft. Diese Gans, mit schwarzem Hals und Kopf, einem weißen Wangenfleck und einer blaßweißen bis bräunlichen Brust, ist etwa so groß wie eine kleine Hausgans. Die Rückenfedern und die Flügel sind braun in Abstufungen mit schmutzig-weißen Rändern. Der Bürzel weiß.

Auch die Kanadagans ist ein Pflanzenfresser. Wenn sie nicht schwimmt und Wasserpflanzen abgrast, ist sie, meist in den Morgenstunden, auf Wiesen und Feldern zu sehen. Auf schwedischen Wiesen und auf Golfplätzen hat sie den Rasen kurz gehalten, doch zum Verdruß der Bauern und der Spieler auch das hinterlassen, was ihre Gefräßigkeit produzierte. Die strengen schwedischen Jagdgesetze wurden modifiziert, und seither darf auf Kanadagänse früher geschossen werden als auf Enten.

Im letzten Herbst sind Kanadagänse auf den Rheinwiesen bei Köln gesehen worden. Auch an den Seen um München herum beobachtet man sie seit Jahren; sicherlich sind es nicht nur Ausflügler aus Populationen, die in zoologischen Gärten gehalten werden. Offenbar ist die Kanadagans ein Vogel, der der unfreundlichen Umwelt trotzt und sich neue Lebensräume erobert, der sein Brutgebiet vom hohen Norden nach Süden ausdehnt.

Die Weißwangengans oder Nonnengans von der Kanadagans zu unterscheiden, würde schwerfallen, wenn sie im selben Revier anzutreffen wären. Das aber ist, von Ausnahmen an der Ostseeküste abgesehen, nirgendwo möglich. Das Federkleid der beiden Gänse ist ähnlich, doch die Weißwangengans ist um ein knappes Drittel kleiner als ihre kanadische Schwester. An Binnengewässern sieht man sie nie; sie, die von Island bis Nowaja Semlja, also an arktischen Küsten brütet, ist an der deutschen Nordseeküste Durchzügler. Man muß Wattwanderer sein, um diese Vögel im späten Herbst, im frühen Winter auch, zu beobachten. Es sind noch immer große Gruppen beisammen, Tausende, doch von Jahr zu Jahr werden es weniger.

Starenschwärme verdunkeln im Herbst, auch in deutschen Großstädten, oft den abendlichen Himmel. Doch das ist ein fahler Schatten gegenüber dem Augenblick, wenn man an einem milden Abend im April etwa auf den Wattwiesen von Keitum auf Sylt nach Morsum geht und sich den dort weidenden Ringelgänsen nähert. Brehm beschreibt das so: »Ihr Geschrei übertönt das Rollen der Brandung; ihre Massen gleichen, von ferne gesehen, wenn sie auffliegen, einem dichten, weitverbreiteten Rauche und machen jede Schätzung unmöglich. Beim Auffliegen größerer Scharen vernimmt man ein Gepolter, das fernem Donner gleicht...« Und so ist es bis auf den heutigen Tag. Aufsteigende Scharen von Ringelgänsen, wenn sie Schatten werfen auf Dünen, Heide und Watt, sind, wie es heute heißt, eine Boschaft aus dem Urzustand der Welt. Diese Gans mit dem weißen Halsband und sonst dunkler gefleckt als die Weißwangengans, doch etwa gleich groß, hat es vermocht, Politiker zu Entscheidungen zu zwingen. Den Bauern auf den Nordfriesischen Inseln und den Halligen wird eine Entschädigung dafür gezahlt, daß die Ringelgänse von März bis Mai das frühe Gras von den Wiesen fressen, zum Nachteil der Schafe und Kühe. Auf den grünen Inseln im Wattenmeer mästen sich die Ringelgänse, bevor sie zu ihrem Flug an den Rand des nördlichen Eismeers aufbrechen, wo sie brüten. Schon im September kehren sie für kurze Zeit zurück. Sie überwintern an den südlichen Küsten Großbritanniens und Südwesteuropas.

Ringelgänse gehören zu den Vögeln, deren Lebensraum zwar im Verlauf der Jahreszeiten einen halben Kontinent umfaßt, doch ihre Chance zu überleben ist unlöslich verbunden mit dem Wattenmeer der Nordsee, ihren Inseln und grünen Wiesen. Sie sind die Startrampe, die es ihnen ermöglicht, im kurzen nordischen Sommer eine neue Brut hochzuziehen und damit zu überleben. Die Zahl der Ringelgänse, Schätzungen sind fragwürdig, war jedenfalls Anfang der siebziger Jahre sehr zurückgegangen; aufgrund strenger Vogelschutzbestimmungen, die auch akzeptiert werden, also kein Abschuß, nimmt man an, daß es heute wieder 200000 Ringelgänse gibt. So schön die Beobachtung eines einzelnen Vogels ist, das gleichzeitige »Sich-in-die-Luft-Werfen« von Tausenden von Vögeln ist ein unvergeßlicher Anblick. Der Name der Gans, auch wenn ihr Entree in die Weltgeschichte auf den Hügeln von Rom stattfand, ist germanischen Ursprungs. Bei den Germanen war sie schon Haustier, ehe die Römer über die Alpen kamen. Doch außer den erwähnten gibt es noch etwa 40 Gänsearten in der Welt, ein knappes Dutzend davon ist auch bei uns heimisch, von der Saatgans über die Graugans bis zur weißen Hausgans.

Die Seeschwalbe

Flieger auf Langstrecke

Die »vollkommensten Flieger« hat Brehm die Seeschwalben genannt. Er hat recht. Rund um die Welt sind mehr als 50 Seeschwalbenarten gezählt worden. In Deutschland sind acht davon Brutvögel gewesen. Zwei Arten sind ausgestorben, die Raubseeschwalbe und die Rosenseeschwalbe, alle anderen sind in ihrem Bestand bedroht, vor allem jene, die im Binnenland, also an Seen und Flüssen brüten.

Die wohl eindrucksvollste ihrer Art ist die Küstenseeschwalbe. Kopf und Nacken sind schwarz, die

Schultern schimmern bläulich, der Körper ist schneeweiß, kurze rote Beine, ein starker, leicht gebogener Schnabel und ein tiefgegabelter Schwanz sind weitere Merkmale dieses etwa taubengroßen Vogels.
Im norwegischen Björnefjord, angelehnt an eine Inselgruppe, etwa eine halbe Ruderstunde von der Küste entfernt, gab es ein Felseneiland, strähniges Gras darauf und karge, sturmzerzauste Büsche: Das war die Insel der Küstenseeschwalben. Etwa 30 Paare hatten gebrütet und zogen nun ihre Jungen auf, es waren nicht mehr als 20. In flachen, sandigen Mulden – hier auf dem Felsen waren es Mulden aus Muschelkalk – legen die Weibchen Ende Mai, Anfang Juni ein, höchstens zwei Eier. Meist brütet das Weibchen, das Männchen sorgt für Nahrung, ausschließlich kleine Fische. Die Jungen schlüpfen nach gut drei Wochen und sind nach weiteren vier Wochen flugfähig, werden von den Alten aber auch dann noch gefüttert, wenn sie schon elegante Flieger geworden sind. Näherte man sich dem Felsen auf weniger als 20 Meter, warfen sich die Altvögel mit gellenden Kriä-Rufen in die Luft, schossen im Sturzflug auf den Eindringling, bespritzen ihn mit Kot, und man mußte sich der Schnabelhiebe erwehren, die, wenn sie treffen, recht schmerzhaft sind und einen dünnen Sommerhut allemal durchlöchern.
An der deutschen Nordseeküste, auf den nordfriesischen Inseln, gibt es heute noch Kolonien der Küstenseeschwalbe, allerdings ist ihr Bestand stark zurückgegangen. In Dänemark, an der norwegischen Küste

bis hinauf in den Norden Grönlands brütet die Küstenseeschwalbe in Kolonien. Wie alle Seeschwalben ist auch die Küstenseeschwalbe ein Zugvogel und da wohl einer der imposantesten in der ganzen Vogelwelt. Die Küstenseeschwalbe überwintert an den Küsten Südafrikas und in der Antarktis, das bedeutet, daß dieser Vogel – taubengroß – in jedem Jahr zweimal eine Strecke von rund 25 000 Kilometern zurücklegt. Küstenseeschwalben werden bis zu 20 Jahre alt.

Die Flußseeschwalbe von der Küstenseeschwalbe zu unterscheiden ist auch für Ornithologen nicht einfach, nicht zuletzt, weil beide Vögel häufig in gemeinsamen Kolonien brüten. Die Beine der Flußseeschwalbe sind noch etwas kürzer als die der Küstenseeschwalbe, auf dem roten Schnabel hat sie einen schwarzen Fleck. Doch an den Nestmulden ist zu erkennen, um welche Schwalbenart es sich handelt, denn in den Mulden der Flußseeschwalbe sind stets drei Eier zu finden. Außerdem ist sie mit dürren Halmen ausgepolstert.

Auch heute noch ist die Flußseeschwalbe an Seen und Flüssen anzutreffen. In den letzten Jahren habe ich sie am Rhein bei Bonn, am Zürichsee und an den Havelseen gesehen. Ob sie am Rhein noch Brutvogel ist, ist fraglich. Ich sah sie im Herbst, fünf oder sechs Vögel, vermutlich waren sie auf dem Zug nach Westafrika. Weil für Flußseeschwalben die Brutmöglichkeiten im Binnenlande immer spärlicher werden – wo gibt es noch Sandbänke, Flußniederungen, Buchten mit Stränden, die dem Zugang der Menschen verwehrt

sind? –, hat die Flußseeschwalbe, wie es scheint, die Konsequenzen gezogen und ist zu einem Küstenvogel geworden. Und dies schon seit der Jahrhundertwende. Die Zahl der Paare, die noch im Binnenland brüten, dürfte weit unter 1000 liegen. In einigen Bundesländern, wie in Nordrhein-Westfalen und in Hessen, ist die Flußlandschaft ausgestorben.
Nicht anders steht es mit der Trauerseeschwalbe. Sümpfe, verkrautete Seen, die Nebenarme großer Flüsse waren einst ihr Revier. Aus Schilf und Pflanzenstengeln und aus Seerosenblättern baute sie ihr Nest. Ein Leipziger Oberlehrer schrieb: »Als ich Ende 1904 auf einem Elbdampfer von Hamburg nach den Vierlanden fuhr, sah ich keinen Vogel so zahlreich wie die Trauerseeschwalben. Und ähnlich war es in der Winsener Marsch.« Noch vor 30 Jahren war die Trauerseeschwalbe auf der Unterelbe zu Tausenden anzutreffen. Ein starengroßer, schwarzer Vogel, eine Schwalbe mit einem weißen Winterkleid, heute steht er auf der roten Liste: vom Aussterben bedroht. In einem Bericht aus Ostpreußen aus dem Jahre 1932 heißt es: »Traurig, aber leider feststehend ist es, daß die Trauerseeschwalben von Jahr zu Jahr weniger werden, auch dort, wo kein erkennbarer Grund vorhanden ist.«
Die Gründe, das weiß man heute, liegen einmal darin, daß die Seeschwalben auf jede Störung an den Brutkolonien empfindlich reagieren, seien es nun Neugierige, Badegäste oder Tiefflieger über dem Watt. Zum anderen vergiften von chemischen Abfällen belastete

Gewässer die Nahrung dieser Vögel, Fische, Krabben, Kerbtiere. Die Vögel verenden nicht, doch es wird schwerer, die Brut aufzuziehen. So ist der Bestand an Brandseeschwalben an der holländischen Küste aufgrund verschmutzter und vergifteter Gewässer in wenigen Jahren von mehreren zehntausend auf weniger als tausend zurückgegangen.

Und wenn Naumann Anfang des vorigen Jahrhunderts allein die Brandseeschwalben auf den deutschen Nordseeinseln auf eine halbe Million Paare schätzte, so sind davon heute, nach energischen Schutzmaßnahmen, etwa 5000 Paare geblieben. Eine Zahl, die auf der roten Liste der bedrohten Tierarten für einen hinteren Platz reicht. Kann das ein Trost sein?

Die Möwe

Akrobaten der Luft

Ob auf der Reise nach Helgoland oder auf einer Fahrt über den Bodensee, immer folgen Möwen dem Schiff, umkreisen es zur Freude der Touristen, die ihnen kleine Stücke Brot zuwerfen. Die Möwen fangen es im Fluge, Akrobaten der Luft.

Möwen gibt es auf der ganzen Welt; mehr als 100 Arten sind bekannt, wobei der Unterschied oft minimal ist. In Deutschland sind sechs Arten zu beobachten, doch nur zwei von ihnen beherrschen, wie man heute sagt, die Szene: die Lachmöwe und die Silber-

möwe. Mit Abstand folgen Sturm-, Mantel- und Heringsmöwe, auch die Dreizehenmöwe, die in großer Zahl an den Küsten hoch im Norden zu Hause ist.
Vor einem knappen Jahrhundert schrieb Brehm, daß »die Lachmöwe, an den Seen und Teichen Deutschlands ein wohlbekannter Vogel, heute durch den zunehmenden Anbau des Bodens aus vielen Gegenden verdrängt worden sei«. Er hat sich geirrt. Die Zahl der Lachmöwen, die sich in den Wintermonaten allein in Hamburg und an der Unterelbe tummeln, wird auf mehr als 100 000 geschätzt. Die Lachmöwe, früher ein Vogel der Binnengewässer, ist in den letzten Jahrzehnten auch an der Küste heimisch geworden. Diese Möwe ist sowohl Stand- als auch Zugvogel. Die Mehrzahl der Wintergäste an der unteren Elbe kommt aus östlichen Gegenden, aber auch, wie man schon um die Jahrhundertwende wußte, aus »Sachsen, Thüringen und Böhmen«.
Im Januar 1830 berichtete ein Schweizer Ornithologe, daß er in Zürich zwischen den Brücken der Limmat mehr als 70 Lachmöwen gesehen habe, die sogar »Brod« nahmen, das man ihnen zuwarf. Heute könnte er etlichen Tausend Brot zuwerfen. Im Frühjahr und im Herbst folgen die Möwen den pflügenden Bauern. Aufgrund von Untersuchungen weiß man, daß sie allzu viele Regenwürmer vertilgen und damit der Landwirtschaft Schaden zufügen.
Ähnlich wie Tauben sind Möwen, vor allem die Lachmöwe, zur Plage geworden. Ein Vogel, der praktisch keine Feinde hat, denn wo könnten Habichte oder

Füchse den Bestand dieser Möwen so verringern, daß der Haushalt der Natur im Gleichgewicht bleibt? Möwen sind Allesfresser, und es ist der Mensch, der ihrer Verbreitung Vorschub leistet. Wer im Flachland Müllkippen ausfindig machen will, braucht den Horizont nur nach Möwenschwärmen abzusuchen; sie kreisen dort wie an den warmen Meeren Pelikane über den Fischschwärmen.

Die Lachmöwe ist die kleinste unserer Möwen. Sie lacht nicht, sie krächzt eher; der Name geht wohl auf ein Mißverständnis in der englischen Übersetzung des lateinischen Namens zurück. In der Brutzeit und in den Monaten zuvor ist die Lachmöwe wegen ihres schwarz-braunen Kopfes – später ist es nur noch ein Punkt hinter dem Auge – unverwechselbar, für Kenner auch wegen des Größenunterschieds zu anderen Möwen. In diesem Jahr konnte man in der Balzzeit, die schon im Februar beginnt, Lachmöwen beobachten, die auf dem Eise von Seen und Teichen, manchmal ausglitschend, umeinander warben. Hochaufgerichtet, den Schnabel auf die Brust gedrückt, stolziert das Weibchen vor dem Männchen her, das es mit hängenden Flügeln, fast hechelnd verfolgt.

Alle Möwen sehn wie Emma aus, meinte Christian Morgenstern. Da sie fast immer in Massen erscheinen und auch in Kolonien brüten, ist es mühsam, einzelne auseinanderzuhalten. Überdies sind sie unstetig, sie orientieren sich nach den für sie jeweils günstigsten Bedingungen, das heißt, sie suchen Plätze auf, an denen sie Nahrung finden. Allerdings ist festgestellt worden, daß die älteren Vögel im jährlichen Rhythmus oft dieselben Futterplätze aufsuchen.

An der deutschen Nordseeküste ist die Silbermöwe vorherrschend, an der Ostseeküste, aber nach Westen vordringend, die kleinere Sturmmöwe. Auch diese Möwen sind Allesfresser, obwohl sie sich überwiegend von kleinen Fischen, Muscheln und kleinerem Seegetier ernähren. Vor Jahren geriet ich auf einer Hallig in das Brutgebiet einer Silbermöwenkolonie. In wenigen Minuten verwandelte sich diese Kolonie in einen Hexenkessel, das Kreischen, der Krach, waren unerträglich. Die herabstoßenden Vögel wollten aber nicht wirklich angreifen, sondern nur schrecken. So schamlos und brutal Möwen die Gelege anderer Vögel plündern, so entschlossen verteidigen sie die eigene Brut. Das Absammeln von Möweneiern, die vielerorts als Delikatesse gelten, hat der Vermehrung der Möwen nicht Einhalt gebieten können.

Wer im Frühjahr oder im Herbst an die Nordsee fährt, kann dort auch Herings- und Mantelmöwen beobachten. Beide haben dunkelgraue bis schwarze Flügeldekken; zu unterscheiden sind sie an der Färbung der Beine: bei der Heringsmöwe sind sie gelb, bei der Mantelmöwe rot. Die Heringsmöwe ist seit einigen Jahren als Brutvogel an der Nordseeküste gesehen worden, die Dreizehenmöwe, ein Vogel der Lofoten und des nördlichen Norwegens, brütet auch auf Helgoland.

Die starke Vermehrung der Möwen deutet darauf hin, daß in der Natur nicht alles in Ordnung ist. Und das nicht erst seit heute. Auf Hiddensee, im Mecklenburgischen, gab es 1910, von Ornithologen gezählt, zehn Lachmöwennester, 1915 waren es 216. Auch wenn die Zahlen nicht exakt sind, so sind sie doch bezeichnend.

Brehm schreibt: »Ansprechend sind Gestalt und Färbung dieser Vögel, anziehend ihr Treiben... im hohen Norden der Erde zählt man die Möwen nicht bloß zu den schönsten, sondern auch zu den nützlichsten Vögeln und hegt und pflegt sie ebenso wie die übrigen Kinder des Meeres...« Was aber wäre das für eine Welt, in der es nur noch Möwen, Tauben, Krähen, Elstern und vielleicht noch Spatzen gäbe, in der für die Schwächeren, die Seeschwalben, die Rotkehlchen, die Goldhähnchen aber kein Platz mehr ist?

An Flüssen, Seen und Teichen

Der Kranich

Keine Plage mehr

An hellen Oktobertagen ziehen sie, für jedermann sichtbar, über Deutschland hinweg, von Nordost nach Südwest, in Formationen von dreißig bis zu mehreren hundert, und wenn sie nicht in großer Höhe fliegen, mehr als 1000 Meter hoch, ein Filigran vor dem blaßblauen Herbsthimmel, sondern in niederer Höhe den Rastplatz ansteuern, machen sie durch ihre lauten Rufe auf sich aufmerksam. Vom Zug der Kraniche ist die Rede. Ende Februar, Anfang März sind sie in entgegengesetzter Richtung zu beobachten, von

Südwesten nach Norden und Nordosten, nur, daß im Frühjahr ihr Ruf seltener zu hören ist als im Herbst.
Für die Lufthansa ist der Kranich Wappenvogel, aber Deutschland ist nicht mehr das Land, in dem der Kranich zu Hause ist. In der Bundesrepublik sind es vielleicht zwei Dutzend Paare, die dank energischer Maßnahmen der Behörden und des selbstlosen Einsatzes freiwilliger Naturschützer in den nördlichen Bundesländern noch brüten können. In der DDR, vor allem in Mecklenburg, mögen es etliche mehr sein.
Vermutlich kann heute auch nicht mehr jeder Sekundaner die »Kraniche des Ibikus« aufsagen – doch noch geringer dürfte die Zahl der Menschen sein, die einen Kranich, wenn überhaupt, außerhalb eines Zoos gesehen haben. Es gibt etwa 20 Kranicharten. Die meisten sind in Asien zu Hause. Vor dem Krieg waren alle Arten im Berliner Zoo zu besichtigen. Damals, in den dreißiger Jahren, war es nach Oskar Heinroth, einem weltweit anerkannten Ornithologen, noch möglich, sich am Stettiner Bahnhof in die Vorortbahn zu setzen, nach 20 Minuten Fahrt auszusteigen, zwei oder drei Kilometer zu laufen und dann – im Herbst – an einen Sammelplatz der Kraniche zu geraten. Heinroth selbst hat auf einem solchen Platz mehr als 1000 Kraniche gezählt.
Unser Kranich, also der nord- und mitteleuropäische, heißt auch »der gemeine Kranich«. Gemein steht in der Sprache der Ornithologen für häufig. Ein männlicher Kranich kann bis zu 140 Zentimeter groß werden, und seine Flügelspanne mißt 240 Zentimeter. Er

wiegt fünf bis acht Kilo. Anzutreffen ist der Kranich am Rande verschilfter Seen, sumpfiger Wiesen, feuchten Ödlands, in Landschaften, in denen sein auf dem Boden gebautes Nest vor Füchsen und Mardern sicher und vor Hochwasser geschützt ist. Hinzu kommt, daß er Nahrung findet, also vor allem junge Saat, aber auch Würmer, Amphibien, kleine Säugetiere, alles, was im Moor und in unzugänglichem Gebiet lebt und wächst.

Auf schwedisch heißt der Kranich »Trana«. In der Nähe der mittelschwedischen Stadt Tranas habe ich an einem verlandenden See viele Jahre hin Kraniche beobachten können. Das war stets im Spätsommer. Man mußte, auf einem am Waldrand gebauten Turm schwedischer Vogelfreunde sitzend, Geduld haben, um die im hohen Gras gravitätisch einherschreitenden und immer mißtrauischen Vögel auszumachen und ihr Verhalten zu beobachten. Es waren zwei Familien. In fast jedem Jahr vier Altvögel, dazu zwei, manchmal drei Junge. In einem Jahr erlebte ich die Flugübungen der Jungen. Anfangs unter Anleitung der Alten, später sich in Spiralen, den Wind nutzend, in die Höhe schraubend, segelten sie hoch über dem Wald dahin, entschwanden dem Blick, um etwa nach einer knappen Stunde zurückzukehren zu den Alten.

Der Kranich, ein Vogel, der alt wird, lebt in Einehe, und nie gibt es mehr als zwei Eier im Gelege. Unseren Großvätern galt er als Plage. Über den Schaden, den er anrichtete, heißt es noch um die Jahrhundertwende: »Die ungeheure Zahl dieser Vögel, die Heerscharen gleichen, richten auf den Getreideäckern und auf den Erbsenfeldern Verwüstungen an, die es jedermann erlauben sollten, ihn zu fangen oder zu schießen.«

Vor einigen Jahren, an einem warmen Oktoberabend, arbeitete ich im Garten, als ich den Schrei eines Kranichzugs hörte. Sie kreisten über dem nahen Wald, etwa 40 waren es. Sie fielen in eine Lichtung ein. Mir gelang es, die Vögel zu überlisten und sie zu beobachten, obwohl sie sehr mißtrauisch sind: Sie stellen Wachen aus, Altvögel, die auf jedes Geräusch reagieren. Auf dieser Waldwiese wuchsen Gräser, Klee, Sauerampfer und Brombeeren. Sie fraßen von allem, wobei ich mir bei den Brombeeren nicht sicher bin.

Der Zug der Kraniche ist schon in der Antike Gegenstand der Literatur gewesen. Noch können wir sie auch in Deutschland ziehen sehen, aber wie lange noch? In Spanien und Nordafrika, wo sie überwintern, werden sie noch immer geschossen, bejagt. Im Hamburger Umland haben zuletzt im Jahre 1901 Kraniche genistet. Vor einigen Jahren soll ein Kranichpaar den Versuch gewagt haben. Was daraus geworden ist, ist mir nicht bekannt. Doch sinnvoll wäre es schon, Inseln zu schaffen, auf denen alle jene überleben können, die schon lange keine »Plage« mehr sind, sondern zu denen gehören, für die in unserer Welt kein Platz mehr ist.

Die Wasseramsel

Einsiedler am Bach

Mitten im Winter, im oberen Engadin, sank das Thermometer in den Februarnächten auf minus 26 Grad Celsius, und tagsüber stieg es auch nicht über 15 Grad minus, der Himmel war grau, und ein eisiger Wind wehte vom Maloja herauf. Aber dies alles störte die Wasseramsel nicht, sie stürzte sich von den Eisrändern des Inn, der hier oben noch ein schmaler, schnellfließender Bach ist, in das eiskalte Wasser, tauchte ein, lief mit schnellen Schritten über Steine und Kiesel, um acht oder zehn Meter entfernt ebenso behende wieder herauszufliegen, sich auf einen Stein oder Baumstumpf, eisverkrustet oft, zu setzen und mit zarter, kaum vernehmbarer Stimme eine innige Melodie anzustimmen.

Die Wasseramsel, auch Wasserstar oder Wasserschmätzer genannt, ist kein Wasser-, kein Schwimmvogel; sie ist dem Zaunkönig verwandt, wenngleich viel größer. Überwiegend auf der nördlichen Erdhalbkugel heimisch, gibt es etwa 20 Arten. Die in Deutschland und in den Nachbarländern vorkommende Wasseramsel ist etwa starengroß und wiegt ca. 55 Gramm. Das Weibchen, im Gefieder vom Männchen nicht zu unterscheiden, ist etwas kleiner. Es ist ein blaßbrauner Vogel, die Flügel eher schiefergrau, Brust und Kehle hellweiß; mit der Ringamsel nicht zu verwechseln, schon vom Lebensraum her nicht.

Die Wasseramsel ist an schnellfließenden Gewässern, an Bächen, vornehmlich in bergigem Land, an Wasserfällen oder Stromschnellen zu finden, vorausgesetzt, daß Bach und Strom klares Wasser führen. Brehm schreibt über den Vogel: »Lieblingsplätze von ihm sind die klaren, beschatteten Forellenbäche…, ihnen folgt er bis zu ihrem Ursprunge, und wenn dieser ein Gletschertor wäre.«

Und er fügt hinzu: »Der Wasserschmätzer gehört nicht allein zu den auffallendsten, sondern auch zu den anziehendsten unserer Vögel. Seine Begabungen sind eigentümlicher Art.« So ist es. Behende wie eine Bachstelze bewegt er sich am und im Wasser; er kann nicht schwimmen, aber er kann tauchen, er kann auf dem Bachgrund sowohl gegen den Strom als auch mit dem Strom laufen, dabei allerlei Getier aufpicken, Steine umwälzen, stets den Kopf zum Boden geneigt, um so den Wasserdruck auszugleichen.

Immer wieder wird behauptet, die Wasseramsel jage auch Fische, vor allem junge Forellen. In Ungarn hat man einmal, wie ein Schweizer Ornithologe berichtet, mehrere hundert Wasseramseln geschossen und den Mageninhalt der Vögel untersucht. Reste von eben geschlüpften Forellen fand man nicht, wohl aber die Reste von Kerbtieren, Larven, Wasserflöhen und dergleichen. Auch Untersuchungen anderswo, ohne gleich, wie in Ungarn, ganze Populationen zu vernichten, hatten stets das gleiche Ergebnis – und wenn sich Reste von Kleinstfischen fanden, so machten sie kaum ein Prozent der Nahrung des Vogels aus. Es ist nicht gar so abwegig zu sagen, daß der ärgste Feind der Vögel, die auf dem Wasser und am Wasser leben und dort ihre Nahrung suchen, der Mensch ist, vor allem dann, wenn er angelt oder fischt. So wurde noch in diesem Jahrhundert von Forellenfischern behauptet, daß Wasseramseln ganze Bäche ausgeräubert und verödet hätten, eben weil sie den Laich der Forellen fräßen. Mit solchen Behauptungen wird auch der Eindruck erweckt, als wäre die Wasseramsel ebenso häufig wie Starenschwärme im Herbst.

Die Wasseramsel ist kein Zug-, sondern ein Standvogel. An einem Bach ist das Revier eines Vogels etwa einen Kilometer weit, oft länger. Und dieses Revier verteidigt er gegen jeden eindringenden Artgenossen.

Auch Männchen und Weibchen leben den größten Teil des Jahres in getrennten Revieren. Bei Naumann heißt es: »Es sind einsiedlerische Vögel, deren selten zwei, die Begattungszeit ausgenommen, nahe beisammen wohnen. Auch die Jungen, meist sind vier bis fünf Eier im Gelege, werden, sobald sie flügge sind, aus dem Revier herausgedrängt. Die Jungvögel, fast immer in Nestern an überhängenden Ufern, im Wurzelgeflecht oder auch in Nischen hinter fallendem Wasser, früher auch im Gebälk der Wassermühlen, sind oft die Beute von Wieseln und Ratten. Die Brutzeit ist unbestimmt; es sind Jungvögel schon im Februar gesehen worden.«
Zahlreich also war die Wasseramsel nie. In der Eifel und an den Bächen im Harz war sie in den sechziger Jahren noch gut zu beobachten. An der Oos, nahe Baden-Baden, habe ich sie noch Anfang dieses Jahrzehnts gesehen. Und obwohl dieser Vogel das Flachland nicht liebt, ist er, zumindest in den Wintermonaten, noch in den sechziger Jahren im Umfeld von Hamburg, an der oberen Alster, an der Bille und an der Wandse gesehen worden. An der Bille hat man, wie Hamburger Ornithologen berichten, im Winter 1981 acht Vögel gezählt, vermutlich Zuwanderer aus Skandinavien.
Schon vor mehr als 100 Jahren konnte man bei Brehm lesen: »Der Vogel hält treu an dem einmal gewählten Stande, er liebt die klaren Bäche und geht selbst bis in die Ebene hinab ..., es sei denn, daß deren Wasser durch Ausflüsse von Fabriken vergiftet oder

getrübt worden ist.« Ein Protestsong ist der zarte Gesang der Wasseramsel nicht, eher ein Abschiedslied, denn auch der ins »regulierte Bett« gezwungene Bach ist ihr Revier nicht.

Der Teichrohrsänger

Der Sänger des Jahres

Vor 30 Jahren war er noch häufig, wie es im Deutsch der Ornithologen heißt. Da war er noch am Rande der Großstädte anzutreffen, in Hamburg am Krupunder See und am Eppendorfer Mühlenteich, in Berlin am schilfbewachsenen Ufer der Havelbuchten und an Teichen in der Nähe von Zürich. Sicherlich auch anderswo. Nun ist er zum Vogel des Jahres avanciert, eine steile Kariere, an deren Ende die Nachricht kommt, daß es ihn, den Teichrohrsänger, nicht mehr gibt. Er steht auf der roten Liste. Und auf ihr werden die Vögel eingetragen, die nur dann eine Chance haben zu überleben, wenn man ihnen hilft. Der Teichrohrsänger steht für eine ganze Gattung, für die Rohrsänger. Seine Vettern heißen: Drosselrohrsänger, Schilfrohrsänger und Sumpfrohrsänger; sie alle teilen mit ihm das gleiche Schicksal, nämlich zu verschwinden, auszusterben.

Weshalb verringert sich für diese Vögel die Möglichkeit zu überleben? Es ist immer das gleiche: Die Landschaft wird »in Ordnung« gebracht, an Teichen und Tümpeln, diesen Brutstätten der sommerlichen Mükkenschwärme, wird der Schilf- und Pflanzengürtel entfernt, Grassoden oder weißer Sand werden angekarrt, die Landschaft wird gepflegt nach dem Motto: Unser Dorf soll schöner werden. Und so werden denn nicht selten aus zugeschütteten Teichen und Tümpeln Fußball- oder Tennisplätze.

Der Teichrohrsänger ist ein unscheinbares Vögelchen, etwa 13 Zentimeter lang, wobei der stumpfe Schwanz gut fünf Zentimeter mißt. Ihn zu entdecken und zu beobachten, erfordert Geduld. Er ist aber auch ein geschwätziger Vogel, und so kann man ihm, wenn man sein einfältiges Liedchen kennt, auf die Spur und bis nahe ans Nest kommen. Etwa grasmückengroß, ist das Federkleid gelblich-braun bis zum blassen Grau. Zwischen Männchen und Weibchen ist, wie es bei Naumann heißt, fast kein Unterschied. »Bald ist das eine brauner oder gelber, bald dunkler oder heller.«

Der Teichrohrsänger ist, wie alle »Sänger«, ein Zug-

vogel. Er überwintert im südlichen Afrika. Bei uns trifft er erst spät ein, Ende April, an manchen Plätzen erst Anfang Juni. Das hat seinen Grund: Er baut sein Nest nie im alten, grauen Schilf, sondern nur im frischen, grünen Rohr. Und dies 30 bis 100 Zentimeter über dem Wasserspiegel. So hoch ist das junge Schilf aber frühestens Ende Mai. Das Nest, aus trockenen Halmen, Gras und anderen Fasern geflochten, hängt an mehreren Schilfstengeln. Es ist ein tiefer, ausgepolsterter Napf, in das das Weibchen vier bis fünf weißlich-grüne Eier legt, die es in etwa zwölf Tagen ausbrütet. Nachbruten, wenn das Nest zerstört wurde, durch Unwetter oder sonstwie, sind nicht nachgewiesen, meines Wissens.
Nach Naumann wird der Teichrohrsänger seinem Ruf gerecht, denn, so schreibt er, »er ist ein ungemein fleißiger Sänger, der in der Balz- und Brutzeit selbst des Nachts nicht verstummt«. Sein Gesang allerdings muß, gemessen an der Nachtigall, eher in die Kategorie eines Klavierstimmers eingeordnet werden, denn es wird stets die gleiche Strophe wiederholt: Tiri - tiri - tiri, tick - zäck - zäck - zäck - zerr, das nicht lautstark, doch ausdauernd. Auch wenn der Vogel auf Nahrungssuche ist, zumindest das Männchen, singt er. Im Sommer ernährt er sich von all dem, was im Schilf zu finden ist, denn nur selten verläßt er sein wassernahes, grünes Revier. Larven, Insekten, Mücken, Fliegen stehen auf seinem Speisezettel, all das, was es vor der Erfindung der »Chemischen Keule« überall dort reichlich gab, wo das Ufer unzugänglich war, Tümpel

und Teiche zur Landschaft gehörten, wo Seen sich noch nicht in Ferienparadiese verwandelt hatten, Bäche sich noch durch die Wiesen schlängelten und ihnen noch kein Rückgrat, sprich »Begradigung«, verordnet worden war. Ein nützlicher Vogel also, denn er lebt von dem, was der Mensch Ungeziefer nennt.
Schon Ende August, Anfang September verläßt uns der Teichrohrsänger, selten, daß ein Völkchen sich auf den weiten Weg nach Süden macht, sie fliegen einzeln und auch nachts. An den Rändern der Havelseen habe ich den Teichrohrsänger oft gehört, das ist lange her, da war er noch häufig. Vom Boot aus sah man ihn, wenn Männchen sich um das Revier stritten, obwohl sie anscheinend nahe beieinander nisten. Im frühen Frühjahr und auch schon im späten Herbst, wenn das Schilf lichter wurde, waren an den Halmen Kugeln zu sehen, die Nester der Rohrsänger.
In Dithmarschen waren die Rohrsänger einst so zahlreich wie heute noch die Bachstelzen. Ein Vogel, der dort am 1. Juli beringt wurde, ist ein Vierteljahr danach, am 1. Oktober, in Portugal gefunden worden. 2200 Kilometer entfernt vom Nest, aus dem man ihn als noch nicht flüggen Vogel genommen hatte. Das war vor 50 Jahren. Zugzeit und Zugweg haben sich für den Teichrohrsänger seither nicht verändert, nur – immer weniger machen sich auf den Weg.
Der Teichrohrsänger, der Vogel des Jahres 89, wird nicht mehr bewirken als sein Vorgänger, der Wendehals, der Vogel des Jahres 88, es wird einen Aha-Effekt geben. Wer hat schon einen Wendehals und wer einen

Teichrohrsänger gesehen? – Da verschwindet etwas, was man ohnehin nicht kannte. Ein Vogel mehr oder weniger? – Erst wenn es keinen Spatzen mehr gibt, wird der eine oder andere erstaunt sein und sich fragen: Wieso denn das? – Aber sicher ist selbst das nicht. Welch eine Perspektive, wenn der Fortschritt in greifbare Nähe bringt, daß auch der Spatz zum Vogel des Jahres erklärt werden wird.

Die Rohrdommel

Balz bei Nacht

Es ist lange her, daß die Rohrdommel in Norddeutschland zu den Vögeln zählte, die weit verbreitet waren. Aber »weit verbreitet« hieß nicht: überall anzutreffen. An stillen Seen, die Ufer mit dichtem Schilf gesäumt, lagen die Brutplätze der Rohrdommel. Als der Wassersport zum Volkssport wurde – und das begann in den Jahren nach dem Ersten Weltkrieg –, verringerte sich für die Rohrdommel, einen sehr scheuen Vogel, der Lebensraum; nur an den Seen in Ostpreußen, Pommern und wohl auch in Mecklenburg war er noch häufig. In der Mark Brandenburg schon nicht mehr. Der Lärm der Motorboote und junge Paare, die mit ihrem Kanu oder Segelboot ins Schilf hineinfuhren, um sich dort zu sonnen und ungestört zu sein, vergrämten den Vogel.

Die große Rohrdommel, auch Rohrpump, Moosreiher oder Wasserochse genannt, gehört zur Familie der Reiher, ähnelt diesen aparten Vögeln aber nur wenig. Der Körper ist plump, der Hals lang und dick, die Beine sind tief befiedert. Das Federkleid: schwarze Kappe, der Rücken grau-schwarz und gelblich; Gelb ist die Grundfarbe, auch auf der Vorderseite, die mit schwarzbraunen Längsstreifen gezeichnet ist. Die Rohrdommel ist 70 Zentimeter groß und hat eine Flügelspanne von 1,20 Metern. Ende März trifft sie in den nördlichen Brutrevieren ein, die sie im Spätherbst verläßt. Die Vögel fliegen einzeln und überwintern in Südeuropa und in Nordafrika, vor allem am Nil. In milden Wintern sind sie aber in wenigen Exemplaren in Norddeutschland wie auch am Bodensee als Wintergäste gesehen worden, sogar in den letzten Jahren noch.

Den Namen »Wasserochse« verdankt das Rohrdommelmännchen seinem Balzruf. Auf einen hohen Ton folgt ein tiefes Brummen, dem Klang einer dumpfen Glocke ähnlich. Brehm beschreibt es so: »Zum Anfang der Begattungszeit brüllt das Männchen am fleißigsten, beginnt damit in der Dämmerung, ist am lebendigsten vor Mitternacht, setzt es bis zur Morgendämmerung fort und läßt sich zwischen sieben und neun Uhr noch einmal vernehmen ... Die Rohrdommel steht beim Balzen nicht im dichtesten Rohr, sondern vielmehr auf einem kleinen, freien Plätzchen, denn das Weibchen muß seinen Künstler sehen können.«

Die Balz findet bei Nacht statt – und in windstillen Nächten ist der Ruf dieses »Künstlers« zwei Kilometer weit zu hören, und dies bei geschlossenen Fenstern. Wer den Ruf nicht kennt, glaubt, daß da ein wildgewordenes Rind auf der Weide brüllt.

Das Nest wird in der Nähe des Balzplatzes gebaut. Selten ist es ein schwimmender Bau, meist wird es aus Schilf, Blättern, dürren Zweigen und Gras an den Stellen im Rohr angelegt, wo sich, möglichst weitab vom Ufer, eine Erhebung findet. Es ist, der Größe des Vogels entsprechend, eher ein auf dem Boden liegender Horst. Das Weibchen legt vier bis sechs knapp hühnereigroße Eier, die in drei Wochen ausgebrütet werden. Nur das Weibchen brütet. Nach etwa 30 Tagen sind die Jungen flügge, können aber schon nach wenigen Tagen, wenn Gefahr droht, Nestflüchter sein und sich, vorzüglich getarnt, im Schilf verstekken. Die Feinde sind zahlreich, Krähen, Rohrweihen, aber auch Elstern plündern das Nest, und wenn der Wasserspiegel fällt, streifen Marder, Iltis, Dachs und Fuchs durchs Rohr, vertreiben die Alten und fressen die Jungen. Im Augenblick der Gefahr erstarrt die Rohrdommel zur Bildsäule. Dieser dickliche Vogel verwandelt sich, wenn Sonnenstrahlen das Rohr licht machen, zu einer Gerte, schlank, mit in die Höhe gerecktem Schnabel, wird er zu einem Teil des Dikkichts, in dem er lebt, und damit manchen seiner Feinde unkenntlich.

In der Bundesrepublik steht die Rohrdommel auf der roten Liste der Vögel, die auszusterben drohen, obenan. In Baden-Württemberg ist die letzte brütende Rohrdommel 1963 registriert worden. Auch im Hamburger Umland ist sie verschwunden. Am Niederrhein soll es sie noch geben. Doch wer hat schon, als sie noch häufiger war, eine Rohrdommel gesehen? Tagsüber fliegt sie flach über die Schilfränder der Seen und Flüsse. Nahrung sucht sie ohnehin nicht in der Luft, sie ernährt sich von Wasserkäfern, Schnecken, Würmern, kleinen Aalen und Fischen.

An den Havelseen südlich von Potsdam, am Schwielow, an der Wublitz und selbst am Templiner See gab es die große Rohrdommel. Dort habe ich in einer Bucht, mit meinem Boot ins Schilf hineingleitend, was auch damals schon verboten war, die erste und einzige Rohrdommel meines Lebens gesehen. Alles, was ich aus Beschreibungen wußte, bestätigte sich: ein Vogel, hochaufgerichtet, regungslos, die Augen, als wollten sie den Eindringling hypnotisieren. Erschrocken und fasziniert zugleich, brachte ich mit langsamen Schlägen mein Boot aus dem Schilf heraus.

Die große Rohrdommel hat eine kleinere Schwester, die Zwergrohrdommel. 150 Gramm schwer, ist sie etwa taubengroß. Sie ist dunkler gefiedert als die große Dommel, doch der Lebensraum ist in Deutschland etwa deckungsgleich, allerdings ist die Zwergdommel auch an kleinen Gewässern und Teichen zu finden. Der Berliner Ornithologe Heinroth hat sie in den zwanziger Jahren noch im Charlottenburger Schloßpark gesehen und meinte, daß sie häufiger sei, als man glaube.

Heute weiß man, daß beispielsweise in Baden-Württemberg 1981 noch etwa 100 brütende Zwergrohrdommelpaare zu zählen waren. Und es ist ungewiß, ob sich der Bestand stabilisiert hat. Was für den Oberrhein und für den Bodensee gilt, trifft auch auf andere Brutgebiete in den Bundesländern zu. Für diese sensiblen Vögel ist nicht nur der Lebensraum zerstört worden, also die Nistmöglichkeiten in Auenlandschaften, an Teichen und Seen, sondern selbst da, wo dies noch gegeben ist, haben Abwässer und mit Chemikalien belastetes Oberflächenwasser den Vögeln die Nahrung genommen, denn wo gibt es denn noch Quappen, Wasserkäfer in großer Zahl, Kleinfische und Würmer?

Es ist immer dasselbe, der Kreislauf der Natur ist von Menschenhand auf vielfache Weise nachhaltig gestört. Schutzzonen, solange sie nicht großflächig sind, werden nur wenig bewahren. Und so werden Rohrdommeln für die Älteren unter uns eine Erinnerung sein und für die Jüngeren ein Vogel aus dem Bilderbuch.

Der Graureiher

Immer auf der Abschußliste

An einem großen Binnensee in Norddeutschland sind 1952/53 noch 208 Vogelarten, sowohl Brutvögel als das Jahr über auch Zugvögel ausgemacht und beobachtet worden.

Darunter waren auch Graureiher, etwa 60 Paare nisteten in Horsten nahe dem See. Der Graureiher, auch Fischreiher genannt, in den Augen von Anglern, Fischzüchtern und Teichwirten ein Schädling, steht seit langem auf der Liste der Vögel, deren Bestand bedroht ist. Trotzdem wurden in Bayern immer wieder

Ausnahmegenehmigungen zum Abschuß der Graureiher erteilt.

»Jäger und Fischer hassen alles, was das gleiche tut wie sie, nämlich jagen und fischen«, hieß es schon im vorigen Jahrhundert, als etlichen Menschen bewußt wurde, daß die Natur vor dem Menschen geschützt werden muß. In einem Leserbrief der »Süddeutschen Zeitung« heißt es 1981 sarkastisch: »Erst nimmt man einem Mitlebewesen die Nahrungsgrundlage, und wenn dieses sich aus der Not am Eigentum anderer vergreift, wird ausgerottet. Das hat sich in den Indianerkriegen schon bewährt und soll nun auch beim Graureiher angewandt werden.«

In der Bundesrepublik ist der Bestand an Graureihern, der sich während der Kriegsjahre erholt hatte, seit Mitte der fünfziger Jahre kontinuierlich zurückgegangen. Die Gründe dafür sind die üblichen: Außer der Verfolgung durch den Menschen ist es die willkürliche Veränderung der Landschaft, Flüsse werden mit Böschungen versehen, kanalisiert, Bäche begradigt, Seen werden zu Erholungszentren, vor allem für Motorbootfahrer und Surfer. Hinzu kommt, daß es in den meisten deutschen Flüssen und Bächen keine oder nur noch ungenießbare Fische gibt.

Die Verfolgung des Graureihers in Deutschland hat aber Tradition. Vor fast 100 Jahren schrieb Brehm: »Die Reiher verfolgt man an allen Orten eifrig, da sie in unsern Gewässern mehr schaden als jeder andere tierische Fischjäger. Da, wo sich ein Reiherstand befindet, ist es üblich, alljährlich ein sogenanntes Reiherschießen anzustellen, bei dem so viele Reiher wie möglich getötet werden.«

Der Graureiher, knapp einen Meter groß und mit einer Flügelspanne von gut eineinhalb Metern, ist ein sehr scheuer und vorsichtiger Vogel. Sein Charakter wird als ein Gemisch von List, Mißtrauen und Furchtsamkeit beschrieben; außerdem sei er der Feind aller kleineren Vögel, denn er töte sie, wenn sie sich arglos in seine Nähe begäben. Hier scheint eher ein Vorurteil als exakte Beobachtung die Feder geführt zu haben. Ein argwöhnischer Vogel ist er schon, dennoch kann man sich ihm bis auf etwa 50 Meter nähern, ehe er, meist mit einem Krächzen, davonfliegt. Im Fluge ist der Hals zu einem »S« gebogen, was ihn von Storch und Kranich unterscheidet; der Kopf liegt mit dem langen, spitzen Schnabel auf dem Körper.

Der Graureiher brütet in Kolonien. Mitte März erscheinen die Männchen, die im südlichen Europa und in Nordafrika überwintert haben. Sie beziehen die alten Horste und erwarten die Weibchen, um die stets ein erbitterter Kampf geführt wird. Die erste dieser Kolonien mit brütenden Reihern sah ich vor dem Kriege an der Dahme, südöstlich von Königswusterhausen. In hohen Kiefern, in einigen Bäumen waren zwei oder drei Horste, saßen etwa 25 bis 30 Paare. Später, an einem See in Mittelschweden, konnte ich über viele Jahre vom Boot aus eine Reiherkolonie in alten Fichten beobachten. Es waren nur vier oder fünf Paare, und die Jungen waren schon flügge. Seit drei Jahren hat sich diese Kolonie auf zwei Paare verringert. Einhard Bezzel zitierte 1973 Zahlen über beringte Graureiher. Danach waren von 455 Vögeln 61 Prozent erlegt, das heißt, abgeschossen worden, natürlich nicht nur in Deutschland, 29 Prozent waren ohne erkennbare Ursache tot aufgefunden worden, der Rest war gefangen oder verletzt gefunden worden.

Wer je an einem Morgen, wenn die Sonne die Dunstschwaden über dem See in durchsichtige Schleier verwandelt, vor der grünen Wand des bewaldeten Ufers einen Reiher stehen sah, diesen stoisch-majestätischen Vogel, wird nie begreifen können, weshalb er keine Chance mehr haben soll, in einer Überflußgesellschaft zu überleben.

In diesem Frühjahr sah ich fünf Reiher, in einer Reihe stehend, auf einer Sandbank im Rantumer Becken auf Sylt. Vermutlich waren es Gäste, die auf dem Weg nach Norden waren. Seinen Namen hat der Reiher nicht, weil er mit seinesgleichen oft wie aufgereiht steht, sondern wegen seines heiseren Geschreis. Im Althochdeutschen hieß er noch Heigaro oder Reigaro – heijer oder reijer. Soviel über seine Herkunft – es wäre ein Gewinn, wenn man auch seiner Zukunft so sicher sein könnte.

Die Stockente

Von Bertold und anderen

Unter den mehr als zehn Arten von Wildenten, die bei uns bekannt sind, ist die Stockente (auch März-, Blumen- oder Moosente genannt) die uns am meisten vertraute. Jeder hat sie schon einmal gesehen. Sie ist noch immer ein Zugvogel, vor allem aber zieht es sie in die Städte. Schon der kleinste Teich, auch der künstlich angelegte, lockt sie an. Wenn sie nistet, dann muß es nicht am Wasser sein. Verlassene Krähennester, Löcher in hohlen Bäumen, dichtes Gebüsch sind geeignet für das Gelege.

Die Stockente hat sich an den Menschen gewöhnt; in Brehms »Lexikon der Tiere« findet sich eine Erklärung dafür. Brehm schreibt: »Die Stockente gehört zu den gefräßigsten Vögeln, die wir kennen ...« Enten zu füttern, ist eine beliebte Beschäftigung. Und so gehört die Stockente denn auch zu den Arten, die sich bemerkenswert vermehrt haben. Auf der Außenalster sind in den Wintermonaten mehr als tausend zu zählen, in harten Wintern Tausende. Die Stockente darf bejagt werden; sie ist zutraulich, bis der erste Schuß fällt.
Aber nicht alle Stockenten lassen sich von Spaziergängern füttern. Viele folgen noch immer dem angeborenen Trieb und fliegen im Oktober, spätestens im November, nach Spanien oder nach Nordafrika. Allerdings kehren sie schon im Februar oder Anfang März wieder zurück.
In einem ornithologischen Journal von 1934 wird von einer Stockente berichtet, die am 11. Juni 1932 auf einem See nordöstlich von Helsinki mit ihren Jungen in ein Netz geraten war. Die jungen Enten waren, als man sie fand, tot. Die Mutterente wurde beringt und schon am 13. Juli 1932 in Hinterpommern geschossen. Nicht nur, daß sie vorzeitig nach Süden aufgebrochen war, in vier Wochen hatte sie auch rund 1200 Kilometer zurückgelegt. War es der Kummer über die verlorengegangene Brut, der sie zum Zug veranlaßte?
Ein Erlebnis mit Enten ist mir in besonderer Erinnerung geblieben. In einer Bucht des Mälarsees ruderte ich jeden Nachmittag, über drei Wochen, am Ufer entlang, manchmal bis hinüber zum Schloß Grips-

holm, das etwa vier Kilometer entfernt war. Jeden Tag waren acht bis zehn Stockenten um mein Boot. Am dritten oder vierten Tag fiel mir auf, daß ein Erpel, der etwas schief im Wasser lag, sich absonderte. Wenn die Enten auf der rechten Seite des Bootes waren, wo ich die Brotbrocken hinwarf, hielt er sich auf der linken. Wenn es kein Brot mehr gab, verlor der Schwarm das Interesse und schwamm davon. Nur er, der schiefe Erpel, blieb.

Vom fünften oder sechsten Tag an war er, kaum daß ich mit dem Boot fünf Minuten auf dem See war, an meiner Seite. Fliegen konnte er, da er sich in der Mauser befand, nicht, aber er schwamm zielstrebig auf mich zu, manchmal kam er auch flatternd. Ich fütterte ihn. Er blieb, auch wenn es nichts mehr zu fressen gab. Nach einigen Tagen kam er sogar ins Boot geflattert, und ich sah, daß er einen verkrüppelten Fuß hatte. Er wurde zutraulich; ungehalten war er nur, wenn ich ihm den Schnabel zuhielt. Ich nannte ihn Bertold. Es gab auch andere Gäste, die auf dem See ruderten. Bertold kam nur zu meinem Boot.

Und wieder an der Alster. Es war Winter, und sie war eine blanke Eisfläche. Hinter dem Haus des Anglo-German-Clubs standen sieben Stockenten auf dem Eis, vier Damen und drei Erpel, aufgereiht wie auf einer Schnur. Ein vierter Erpel flog an, landete und glitschte so, daß er, ohne bremsen zu können, alle sieben umwarf, wie Dominosteine.

Entengeschichten. Übrigens gilt es als sicher, daß die Stockente die Urahnin unserer Hausente ist. Man weiß, daß die Griechen und die Römer Enten züchteten. Gelegentlich sind auf unseren Seen und Teichen Enten zu sehen, die sind nicht weiß, wie die Hausenten, und sie sind nicht bunt; es sind Enten, die zu ihren Urahnen zurückgefunden haben. Bei Brehm heißt es zur Entenzucht: »...bei den Chinesen dürfte sich der Ursprung dieser Sitte in die ältesten Zeiten zurückverlieren«. Damit wären wir bei der Pekingente, aber das ist ein ganz anderes Thema.

Der Gänsesäger

Mit Zähnen im Schnabel

Es war windstill, das Boot dümpelte in der Strömung, vorbei an Inseln und Inselchen, von denen die kleinsten nicht größer waren als ein Tisch, an dem zwölf Personen Platz gehabt hätten. Doch alle Inseln auf felsigem Grund waren mit Büschen und Bäumen bestanden, Weiden, Erlen, Ebereschen und auf den größeren auch Kiefern und Fichten. An zwei schon verwitterten Stämmen hingen Brutkästen mit Fluglöchern, die auch einer Ente ermöglicht hätten hineinzuschlüpfen. Waren es Kästen für Eulen oder Käuze? Hinter einer der Inseln dann eine Felsbarriere, es hatte lange nicht geregnet, und die Granitsteine ragten grau aus dem Wasser. Auf den Steinen sonnten sich, wie mir schien, Enten. Ich nahm mein Glas: Es waren Gänsesäger, etwa 20 Vögel, junge und alte. Mit dem Boot kam ich bis auf etwa zehn Meter heran, ehe sie ins Wasser glitten, nicht eilfertig, auch nicht erschreckt, sondern eher so, als seien sie auf Distanz bedacht. Was ich hier an einem heißen Sommertag auf einem abgelegenen schwedischen See, auf dem es keine Motorboote gab, erlebte, steht im Gegensatz zu der Beschreibung bei Brehm. Bei ihm heißt es: »Über die geistigen Fähigkeiten des Gänsesägers bleibt man nicht lange im Zweifel. Der Jäger überzeugt sich sehr bald von seiner außerordentlichen Sinnesschärfe, die ihn alles, was vorgeht, bemerken läßt, und man lernt schnell die Vorsicht und Scheu dieses Vogels kennen.«

Neun Arten von Sägern gibt es auf der Welt, sechs davon auf der nördlichen Halbkugel, bei uns sind drei zu beobachten, der Gänsesäger, der Mittelsäger und der Zwergsäger. Die ersten beiden waren einmal Brutvögel und sind es in geringer Zahl noch, der Zwergsäger war stets nur Wintergast, er brütet im hohen Norden.

Der Gänsesäger ist mit 1500 Gramm Gewicht so groß wie eine kleine Gans, er ist schwarz-weiß gezeichnet mit grünlich schillerndem Kopf, auf dem die Scheitelfedern verlängert sind, die Brust lachsfarben, Schnabel und Füße rot. Nach der Brutzeit verändert sich das

Gefieder, die Farben werden verwaschener. Sein kunstloses Nest legt er in hohlen Bäumen, in verlassenen Krähenhorsten, aber auch auf der Erde an; es besteht aus Reisern, Halmen und Blättern. Das Weibchen brütet von April an 8 bis 14 etwa hühnergroße Eier aus. Die Küken sind vom ersten Tage an schwimmfähig. Der ausgewachsene Gänsesäger ernährt sich fast ausschließlich von kleinen Fischen, die er, rasant tauchend, fängt und, ehe er sie verschlingt, in seinem Schnabel festhält, der, anders als ein Entenschnabel, nicht glatt, sondern gezähnt ist.

Ob der Säger in Nord- und Ostdeutschland bis hin nach Schlesien stets in größerer Zahl Wintergast als Brutvogel gewesen ist, läßt sich schwer sagen. Um die Jahrhundertwende gab es ihn auf den Seen der Havel und der Spree rund um Berlin noch als Brutvogel, und seine Gelege wurden geplündert, die Eier, wie einst die der Kiebitze, zu Tausenden gesammelt. Kleine Brutkolonien haben sich an klaren Gewässern in Bayern und in der Schweiz bis heute gehalten. In kalten Wintern ist der Gänsesäger auch heute noch auf Flüssen und Seen in Deutschland anzutreffen, allerdings nicht mehr so zahlreich wie noch vor 20 oder 30 Jahren. Ende 1985 sah ich einige Vögel am Bonner Rheinufer, südlich des Bundeshauses, und auf der Alster wurden im Winter 78/79 noch etwa 200 gezählt. In Nordrhein-Westfalen steht er nun aber auch als Wintergast auf der roten Liste der bedrohten Vogelarten; Brutvogel ist er in diesem Lande schon lange nicht mehr.

Der Mittelsäger, etwa entengroß, auch »Taucherkiebitz« genannt, hat einen sehr langen Schnabel, lange, grüne Kopffedern, am Hals bräunliches Gefieder mit einem breiten weißen Ring sowie einen schwarzen Rücken und einen weißen Unterkörper. Er war in Deutschland nie so verbreitet wie sein größerer Bruder, der Gänsesäger. Sein Brutgebiet war vor allem Skandinavien und in Deutschland die Ostseeküste. Im Naturschutzgebiet auf Hiddensee hat man aber schon vor dem ersten Weltkrieg nie mehr als ein halbes Dutzend brütender Paare festgestellt. An der Nordsee brüten heute wenige Exemplare auf Amrum und Föhr.

Das Brutkleid des Zwergsägers, der auch Nonnenentchen genannt wird, ist weiß mit schwarzem Rücken, einem schwarz-grünen Band im Nacken und schwarzen Streifen auf den Flügeln. Seine Heimat ist Skandinavien und das nördliche Rußland. Bei uns ist der Vogel, der leicht mit der Schellente verwechselt werden kann, Wintergast. Früher waren auf den Gewässern in Norddeutschland, besonders auf der Elbe, oft Hunderte anzutreffen. Er liebt ebenfalls fließendes, klares Wasser und ernährt sich wie die anderen Säger hauptsächlich von kleinen Fischen, Krebsen und Wasserinsekten.

Auch im Norden Europas sind viele Flüsse verschmutzt, Seen sind umgekippt, tot, also ohne Fische. Der Lebensraum der Säger ist enger geworden. Wenn sie in Deutschland nach und nach ausbleiben, wird das kaum bemerkt werden, denn die Säger sind nicht so laut und waren nie so zahlreich wie die ziehenden Gänse, und sie sind bei weitem nicht so majestätisch und schön wie die Schwäne. Den Anglern, die sich heute Sportfischer nennen, waren die Säger ohnehin immer ein Ärgernis, wie Reiher und Kormorane, denn sie dezimierten den Bestand der Klein- und Jungfische. Auf der Alster soll der letzte Zwergsäger vor etwa 15 Jahren gesichtet worden sein. Aber fischreicher ist die Alster seither nicht geworden. Und nicht nur die Alster nicht.

Der Haubentaucher

Donald und seine Brüder

Einer der eigenartigsten und zugleich einer der schönsten Vögel hat einen recht häßlichen Namen: Großhaubiger Steißfuß. Und noch abfälliger sind einige Trivialnamen. So hieß er bei Landleuten in Mitteldeutschland: »Großer Arschfuß«. Gemeint ist der Haubentaucher, ein Tauchvogel, der auf Distanz zum Menschen achtet, aber bis zur Mitte dieses Jahrhunderts auf allen großen Seen in Deutschland zu Hause war. Jeder Berliner, der im Sommer einmal eine Dampferfahrt machte, auf der Spree, der Havel und

den großen Seen, zu denen sich der Lauf beider Flüsse immer wieder ausweitet, hat den Haubentaucher gesehen. Schnellfließende Gewässer liebt er nicht, wohl aber weitausholende Buchten, schilfbestanden, und auch stille Seen, waldumsäumt.
Der Haubentaucher ist auch für den Laien unverwechselbar. Etwa von der Größe einer Stockente – der Körper liegt allerdings flacher im Wasser, was ihn kleiner erscheinen läßt –, unterscheidet er sich von ihr durch den längeren Hals, der etwa 20 Zentimeter lang ist, und durch eine größere Flügelspanne, die bis zu 80 Zentimeter erreichen kann. Und dann natürlich durch sein Federkleid. Auf seine Beschreibung verwendet Naumann etwa zwölf Druckseiten. Zusammengefaßt: Der Haubentaucher ist rostbraun bis schwärzlich, Hals und Unterseite sind leuchtend weiß, auffallend und deshalb unverkennbar sind der Kopfputz, das sind zwei dunkle Federbüschel, die zwei Hörnern gleichen, und eine farbige Halskrause.
Der Haubentaucher ist über ganz Europa verbreitet, ausgenommen das nördliche Skandinavien. Er ist sowohl Zug- als auch Strichvogel, das heißt, in kalten Wintern verläßt er Mitteleuropa und zieht nach Süden und Südwesten. Nicht selten aber harrt er auch an eisfreien Stellen der Binnengewässer aus. Ich habe ihn im Winter auf der Alster, auf bayerischen und schweizerischen Seen gesehen, stets aber, wenn auch nur in wenigen Exemplaren, auf der eisfrei gehaltenen Havel, und da an der Treppe vor dem alten

Stadtschloß in Potsdam. Schwäne, Enten und Wasserhühner versammelten sich dort zu Hunderten.
Der Haubentaucher ist ungesellig. Auf der Havel habe ich nie mehr als vier oder vielleicht fünf in einem Umkreis von 400 Metern gesehen. Andererseits gibt es Berichte, nach denen er auf den Seen in Ostpreußen und in Pommern auch in Kolonien gebrütet haben soll. Das Nest, Haubentaucher sind standorttreu, wird im Frühjahr am Schilf- oder Rohrrand, doch immer vom Ufer entfernt, zusammengetragen. Es besteht aus Wasserpflanzen und Schilfhalmen und schwimmt auf dem Wasser. Das Weibchen legt drei bis vier Eier, etwas kleiner als Hühnereier. Die Brutdauer beträgt vier Wochen, wobei es vorkommt, daß die Eier gelegentlich vom Wasser umspült werden, aber dennoch keinen Schaden nehmen. Nähert man sich dem Nest, das aussieht, als habe der Wind totes Schilf und Blattzeug angeschwemmt, verläßt das brütende Weibchen erst im letzten Augenblick das Gelege, doch nie, ohne es nicht noch mit Blattzeug der Seerosen etwa oder Binsen zuzudecken.
Legende ist, daß die Begattung der Taucherweibchen auf dem Wasser stattfinde, wie es ebenso Legende ist, daß diese Vögel, wenn sie denn in strengen Wintern nach Süden ziehen, dies nicht fliegend tun, sondern schwimmend auf den Flüssen oder entlang den Küsten. Haubentaucher sind auf dem Lande schwerfällig, auch nur mühsam, so scheint es, kommen sie von der Wasserfläche ab, doch einmal in der Luft, fliegen sie ähnlich schnell wie die Enten. Aber wer hat schon

Taucher fliegen sehen? Um dies zu beobachten, muß man Standort und Verhalten des scheuen Vogels gut kennen.

Noch ist der Haubentaucher, der sich von kleinen Fischen, von Kerbtieren und Larven ernährt, die er schnell und weit tauchend oft vom Grunde des Sees heraufholt, Brutvogel in Deutschland. Aber auch er gehört zu den bedrohten Arten. Bis zum Anfang des Jahrhunderts war der Haubentaucher eine begehrte Jagdtrophäe. Das von Brust und Bauch mit der Haut abgezogene Gefieder, weiß und wie Seide glänzend, war von Kürschnern geschätzt. Sie fertigten daraus den Handmuff für Damen und Kragen für Herrenpelze. Nach Naumann sollen Anfang des vorigen Jahrhunderts allein im russischen Gouvernement Omsk 100000 solcher »Felle« verkauft worden sein.

Zur Familie der Taucher zählen in Deutschland noch Schwarzhalstaucher, Rothalstaucher und Zwergtaucher, während der Ohrentaucher wohl nur ein seltener Wintergast ist. Schwarzhals- und Rothalstaucher sind etwa halb so groß wie der Haubentaucher, der es immerhin auf ein gutes Kilo bringt. In der Umgebung von Hamburg sind Anfang der sechziger Jahre die letzten Schwarzhalstaucher als Brutvögel gesehen worden. Rothalstaucher und Zwergtaucher gibt es aber immer noch.

Der Zwergtaucher, etwa wachtelgroß, ist braunschwarz, der Nacken grünlich glänzend und der Bauch weiß und braun gefleckt. Anzutreffen ist er auch noch auf den kleinsten Teichen, doch er lebt versteckt, ist ein ungemein scheuer und vorsichtiger Vogel. Sobald er einen Menschen bemerkt, verschwindet er von der Wasserfläche.

Ein amerikanisches Ehepaar, das den behenden Vögelchen fasziniert zusah, nannte sie »Baby Duck«. Und wahrlich, der Zwergtaucher könnte das Modell gewesen sein für den berühmteren Bruder »Donald«. – Den Rothalstaucher, der im Winter zusammen mit Enten, Wasserhühnern, Gänsesägern und anderen in den stadtnahen Gewässern auftauchen soll, habe ich nie gesehen.

Wasserhühner

Lietze, Belche, Taucherli

An naßkalten, grauen Novembertagen sind sie auch für die Großstädter nicht zu übersehen, jedenfalls in den Städten nicht, in denen es große, träge fließende oder stille Gewässer gibt, in Hamburg also, in Zürich, Hannover: die Wasserhühner. Wenn es Winter wird, sammeln sie sich zu Hunderten, oft zu Tausenden, und wenn die Alster, der Zürichsee und der Maschsee nicht zufrieren, bleiben sie bis zum März. Die Wasserhühner gehören zur Familie der Rallen; in Deutschland sind vor allem drei heimisch: das

Bleßhuhn, das Teichhuhn und das Tüpfelsumpfhuhn.

Was auf der Alster, aber auch auf anderen Seen aus der Ferne wie ein großer schwarzer Fleck aussieht, sind Bleßhühner, denn meist schwimmen sie eng beieinander. Das Bleßhuhn, in Berlin sagt man Lietze, am Bodensee heißt es Belche und in Teilen der Schweiz wird es Taucherli genannt, ist fast entengroß, sein Gefieder ist schwarz, wenn auch schattierend, also nicht durchgehend tiefschwarz. Der Schnabel ist weiß und auffallend ist die hellweiße Stirnplatte. Die großen, hohen Füße sind dunkel, und die Zehen sehr lang, so daß Bleßhühner an Land eher wie ein Laufvogel aussehen als ein Vogel, der fast nur auf dem Wasser ist. Setzt das Bleßhuhn zum Flug an, läuft es eine lange Strecke platschend auf dem Wasser, ehe es, wie es scheint, mühsam an Höhe gewinnt. Dennoch, das Bleßhuhn ist ein Zugvogel, vor dem Winter weicht es nach Süden in eisfreie Gewässer aus. Zugzeit ist des Nachts, und es legt dann beträchtliche Entfernungen zurück. So ist ein Bleßhuhn, nach der Beringung in Berliner Gewässern, vier Tage später mehr als 1000 Kilometer entfernt bei Luzern gefunden worden. Sicherlich kommt die Mehrzahl der auf den eisfreien Seen in Deutschland überwinternden Bleßhühner aus dem Norden, doch ihr Brutgebiet endet in Mittelschweden. Ich habe auf Seen nördlich Göteborg niemals Bleßhühner gesehen.

Das friedfertige Nebeneinander der Bleßhühner in der kalten Jahreszeit endet Anfang März mit der Balz. Die

Hähnchen liefern sich erbitterte Kämpfe, und die Paare verteidigen ihr – wenn auch kleines Revier – energisch. Brutgebiet sind schilfumrandete Seen, ebensolche Teiche und Tümpel und stille Buchten an den Flüssen. Das Nest aus trockenen Halmen und Rohr wird im Schilf gebaut, es soll vorkommen, daß bei steigendem Wasser die Nester schwimmen, die Brut dennoch hochkommt. Im Nest liegen fünf bis neun Eier; das Weibchen beginnt schon bei dem ersten Ei zu brüten, so daß die Jungen nacheinander an verschiedenen Tagen schlüpfen. Die Brutzeit dauert 21 bis 23 Tage. Die Jungen können sofort schwimmen und werden, während das Weibchen weiter brütet, vom Männchen geführt. Fast immer kommt es zu einer zweiten Brut, an deren Aufzucht sich dann die älteren Geschwister beteiligen. Bleßhühner ernähren sich von Larven, Insekten, Schnecken, von Wasserpflanzen und von Kräutern und Samen auf den Wiesen. Sie sollen auch Nesträuber sein. Heute sind an vielen Stadtparkseen künstliche Nistmöglichkeiten geschaffen worden, die vor allem vom kleineren Teichhuhn auch angenommen werden. Und wenn Passanten die Enten mit Brotresten füttern, kommen nicht nur Tauben und Möwen herbeigeflogen, sondern es stellen sich auch Bleßhühner ein. Ein weiterer »Gefiederter«, der sich den veränderten Verhältnissen anpaßt, denn die Zahl der stillen, schilfumrandeten Seen und Teiche hat sich in Mitteleuropa drastisch verringert.

Als in der ersten Hälfte dieses Jahrhunderts die Seen und Flüsse in fast jedem Winter noch zufroren, gab es an der Havel vor dem Potsdamer Stadtschloß bis hin zur Eisenbahnbrücke eine eisfreie Stelle. Dort überwinterten Schwäne, Stock-, Tafel- und Kolbenenten, vor allem aber Wasserhühner zu Hunderten. Von der Stadtverwaltung, aber auch von den Bürgern, wurden sie gefüttert, das war Tradition. Zumindest für die Schwäne. In seinen »Wanderungen« hat Fontane darüber geschrieben, und danach sollen es zu seiner Zeit im Winter bis zu 2000 Schwäne gewesen sein. »Wie mächtige weiße Blumen«, so heißt es bei ihm, »blühen sie über die blaue Fläche (der Havel) hin; ein Bild stolzer Freiheit.« Und weiter: »Die Schwäne der Havel bilden auch einen Versandartikel. Viele gehen bis nach Petersburg und nach den großen Städten der Union.« – Mit Union meinte er nicht die UdSSR, sondern die USA. Die Wasserhühner, die Lietzen, erwähnt er nicht. Zu seiner Zeit waren sie noch jagbares Wild, aber es war der Braten für kleine Leute. Die Lietzen schmeckten nach Tran, sie waren kein Huhn für den Topf.

Auf der Havel waren Bleßhühner mitsamt ihren Küken auch in der warmen Jahreszeit zu sehen. Und so ist es nicht nur dort, sondern allerorts noch so, wo sie Junge großziehen. Anders ist es mit dem gemeinen oder grünfüßigen Teichhuhn. Es ist kleiner als das Bleßhuhn und nicht so zahlreich, wenngleich nicht selten. Das Teichhuhn meidet offene Gewässer. Näheres Hinsehen schließt eine Verwechslung der beiden Wasserhühner aus; das Teichhuhn hat nicht nur grüne Beine, sondern auch einen roten Schnabel und eine ebensolche leuchtende Stirnplatte, sein Gefieder geht ins Grau und es hat einen weißen Flügelrand; wenn es schwimmt oder am Ufer läuft, wippt es unentwegt mit Kopf und Schwanz. Es ist ein anmutiger Vogel, nicht so plump wie sein größerer Verwandter. Sein Lebensraum ist sonst identisch mit dem des Bleßhuhns.

Das dritte im Bunde ist das amselgroße, braun-weißgetupfte Tüpfelsumpfhühnchen. Doch wer hat es schon gesehen? – Der Hamburger Ornithologe Timmermann schreibt: »Biotop: Sümpfe, Moräste, dichte Vegetation. Es läßt sich lediglich berichten, daß es als Brutvogel bei uns vorkommt und anscheinend nicht übermäßig selten ist. Da dem Eindringen in sein Brutgebiet aber große Schwierigkeiten entgegenstehen, sie andererseits durch Kleinheit und ungemein versteckte Lebensweise meist der Beobachtung entgehen, sind wir in ihrem Falle auf bloße Zufallsfunde angewiesen.«

Das ist vor 35 Jahren geschrieben worden. Für Sümpfe und Morast ist in einem ordentlichen Land kein Platz geblieben – und so gerieten das Tüpfelsumpfhühnchen und das ebenso heimliche kleine Sumpfhuhn auf die Liste der Vögel, deren Chance zu überleben bei uns gering geworden ist.

Der Fischadler

Oft ohne Fisch

All die hehren Eigenschaften, die den Adler zum Symbol machten, haben ihn nicht davor bewahrt, auf die Liste der aussterbenden Vogel zu geraten. Nach dem Seeadler und dem Steinadler ist der Fischadler, auch Flußadler oder Fischweih genannt, der kleinste seiner Art in Europa. Etwa einen halben Meter ist er groß, und seine Spannweite beträgt eineinhalb Meter; er ist also etwas größer als der Mäusebussard. Sein Gefieder ist dunkelbraun, auf der Unterseite weißlich. Auffällig sind die gesträubten Federn am Kopf. In der Bundesrepublik Deutschland kommt der Fischadler nur noch als Zugvogel vor; in der Schweiz sind die letzten Brutpaare vor rund 80 Jahren abgeschossen worden. In Mecklenburg und Pommern soll er noch, wenn auch nur in wenigen Exemplaren, Brutvogel sein. In Schweden, wo man die bedrohten Vogelarten in fünf Kategorien eingeteilt hat, ist der Fischadler vor einiger Zeit in die letzte Stufe eingeordnet worden, also »außer Gefahr«. Die Zahl der Brutpaare wird auf etwa 2000 geschätzt.

Weshalb an einen Vogel erinnern, der in unserem Lande nur noch Durchzugsgast ist? Weil der Fischadler ein Beispiel dafür ist, daß der Mensch, jedenfalls nördlich der Alpen, romantisch die Waldeinsamkeit und den Schall der Nachtigall besang, zugleich aber bestimmte, was in der Natur gut und was böse sei. Und das Böse war auszurotten. So schreibt Brehm: »In Deutschland siedelt sich der mit Recht gehaßte und eifrig verfolgte Raubvogel (Fischadler) selbstverständlich nur in wasserreichen Gegenden bleibend an und findet selbst den kleinsten Teich noch seiner Beachtung wert... Der Fischadler ist nächst dem Fischotter der größte Feind einer geordneten Teichwirtschaft und allen Fischereibesitzern aus diesem Grunde verhaßter als jeder andere Raubvogel.« Und dann beklagt Brehm, daß der Vogel wegen der unablässigen Nachstellungen scheu sei und daher »mancher ihm zugedachten Büchsenkugel entgehe«. Deshalb fange man ihn mit Tellereisen, die unter Wasser aufgestellt würden.

Die so gefangenen Vögel – eine weitere Klage von Brehm – gewöhnten sich niemals an den Käfig und »treten zu ihrem Wärter niemals in ein erträgliches Verhältnis, sie welken dahin und liegen eines Tages tot auf dem Boden, ohne daß man die Ursache des Todes zu erkennen vermag«. König im Reich der Lüfte, aber nur in Gedichten. Es mußten noch ein paar Jahrzehnte vergehen, ehe man begriff, daß der Adler, dem man die Freiheit nimmt, an der Unfreiheit stirbt.

Und wie steht es mit dem Schaden, den der Fischadler anrichtet? Noch niemals haben Fischadler – selbst wenn sie zu mehreren an einem See horsten, und das tun sie nur an einem großen See – ein Gewässer leer gefischt. 300 bis 400 Gramm Fisch braucht der ausgewachsene Fischadler am Tag. Und er mordet nicht, sondern jagt nur, wenn er hungrig ist. Doch wie er jagt!

Über viele Jahre hin hatte ich das Glück, den Fischadler auf der Jagd zu beobachten. Es war in Schweden. Der Horst, auf einer hohen Kiefer, dicht am Ufer, war unübersehbar. Fischadler bauten in der Krone des Baumes aus starken Reisern ein üppiges Geflecht. Dessen Mulde wird mit Moos, trockenem Gras und Schilf ausgepolstert.

Oft sitzt der Vogel lange Zeit unbeweglich im Wipfel eines Baumes, ehe er, mit kurzen Flügelschlägen Höhe gewinnend, dann über das Wasser segelt. Das dauert seine Zeit, bis er plötzlich, etwa 20 Meter über dem See, wie ein Falke rüttelt und wie ein Pfeil ins Wasser stößt. Er taucht unter, kommt, flatternd das

Wasser abschüttelnd, wieder hervor – oft ohne Fisch in den Fängen. Es kommt vor, daß erst der dritte oder vierte Sturzflug erfolgreich ist. Wenn die Beute (Zander, Hecht oder Karpfen) schwer ist, fliegt er mit Mühe an Land und zerhackt sie. In vielen alten Beschreibungen ist zu lesen, daß bei großen Hechten, wenn sie denn an die Angel gingen, im Rücken die Krallen des Fischadlers gefunden worden seien, daß also der Fisch den Adler ins Wasser gezogen habe. Vermutlich nicht nur Anglerlatein, aber wohl doch die seltene Ausnahme.

Der Wald, in dem der Horst »meines« Fischadlerpaares stand, ist abgeholzt. Offenbar das gleiche Paar baute danach seinen Horst auf der einzigen Kiefer einer kleinen Insel mitten im See. Es brütete auch, doch es gab keine Jungen. Schon im Juni verschwand das Paar. Hatten Surfer und Segler auf dem See die Tiere vergrämt?

Der Fischadler ist ein Zugvogel. Südeuropa und das nördliche Afrika ist sein Winterquartier. Auch dort schießt man auf ihn. In den Weiten Skandinaviens, wo er nicht geschossen werden darf, hat er noch eine Chance. Daß er in unserem Lande wieder Brutvogel werden könnte, scheint aussichtslos. Wo sind die fischreichen, stillen Seen, die er zum Leben braucht – und wenn es sie gäbe, wo die Angler und Fischer, die ihn dulden würden?

Inhalt

Fotonachweis

A. & T. Klapp
Amsel, Austernfischer, Bachstelze, Baumläufer, Blaßrallen (Wasserhühner), Blaukehlchen, Braungänse, Buntspecht, Eichelhäher, Feldlerche, Flußseeschwalbe, Graureiher, Haubentaucher, Haussperling, Kiebitz, Kranich, Kuckuck, Mäusebussard, Rauchschwalbe, Rohrammer, Rotkehlchen, Säbelschnäbler, Star, Stieglitz, Stockente, Sturmmöwe, Teichrohrsänger, Wendehals, Wiedehopf, Wintergoldhähnchen, Zaunkönig

Bildagentur Bio-Info
Kleiber

DNV-Archiv, Kornwestheim
Baumpieper, Nachtigall

LBV Bayern, Hilpoltstein
Auerhahn, Bergfink, Elster, Fichtenkreuzschnabel, Gartengrasmücke, Gartenrotschwanz, Gimpel, Habicht, Haubenlerche, Hänfling, Kernbeißer, Neuntöter, Regenpfeifer, Rohrdommel, Rotschenkel, Saatkrähe, Schwanzmeise, Sperber, Steinkauz, Storch, Wasseramsel, Zeisig

Eichenau
Fischadler

Markmann
Heckenbraunelle

Schwammberger
Laubsänger, Pirol

Weber
Gänsesäger, Grauer Fliegenschnäpper